KB234140

성 인지 정책

Gender Sensitive Policy

성 인지 정책

이슈와 제도

차인순

■ 책머리에

    여성정책이 변화하고 있다. 지난 5년의 시간 동안 형상화 단계를 거친 성 인지 정책은 이제 비로소 그 모양을 드러내게 되었다. 여성정책이 그 무게중심을 성 인지 정책 쪽으로 한 걸음 이동하면서 여성정책과 성 인지(gender-sensitive) 정책이라는 두 수레바퀴가 굴러가기 시작했다. 이 책은 이러한 변화와 관련된 생각의 단편과 성 인지 정책의 내용들을 기록으로 남겨 두고자 하는 의도에서 비롯되었다.

    성 인지 정책이라는 용어는 아직 많은 이들에게 낯설다. 그러나 새로운 용어는 새로운 생각을 담는다. 여성주의의 명명하기(naming) 전통이 그러하듯이 새 이름 붙이기는 감추었던 문제를 드러내 준다. 성 인지 정책은 기존의 여성정책 이외의 정책들에 성 인지적 관점을 통합시키려는 것이다. 이 과정에서 국가 정책 전반에 녹아

들어 있던 불평등의 문제가 하나씩 드러나고 이를 시정하는 과정을 통해 성평등이 보다 넓은 정책영역에서 달성되어갈 수 있다.

성 인지 정책의 목표는 평등에 있다. 성 인지 정책은 정책의 기획과 수립, 수행, 결과의 모든 단계에서 성 평등의 관점을 잊지 말고 적용, 평가하는 것을 의미한다. 그런 의미에서 성 인지 정책에서 평등은 지향해야 할 가치라기보다는 원칙으로서의 위치를 갖는다. 목적(goal)이라기보다는 목표(objective)이다.

성 인지 정책의 목적은 궁극적으로 여성(남성)들이 "여성(남성)"이라는 이유로 자신들의 삶의 선택과 자기결정을 제약당하지 않는 사회적 조건을 정책적으로 구성하는 것이라고 생각한다. 나는 이것을 여전히 자유라고 부르고 싶다. 자유는 자신에게 부여된 삶의 능력(capability)을 실현할 수 있도록 이끈다.

때문에 성 인지 정책은 과정에서는 남녀를 비교하지만 그 비교가 남성을 기준으로 여성을 비교하는 것이 아니며, 각자가 처한 삶의 현실을 통합적으로 비교하는 방법론적 입장을 취한다. 또 결과에 있어서도, 남성과 여성에게 모든 결과의 50%를 요구하지 않는다. 결과는 단지 여성(남성)이 처한 불평등 현실을 되돌아 볼 수 있게 하는 또 하나의 지표일 뿐이다.

좋은 정책(Good Policy)은 성 인지 정책을 충분히 공감할 수 있으리라 본다. 문제가 있다면 성별요구와 사회경제적 조건 그리고 이를 통합적으로 분석하여 반영하는 정책 역량일 것이다. 성 인지적 문제의식을 키우고 성 인지적 정책 역량을 늘리는 데 이 책이 조금이라도 도움이 되기를 희망해 본다.

이 책은 멀리는 2001년 한국여성학회지 <한국여성학>에 실린 글을 현재의 관점에서 재구성하고, 박사논문의 일부와 최근까지 여기저기 투고한 글들을 하나의 주제로 수정, 보완한 것이다. 필자가 "성 인지(gender sensitive)"라는 용어에 관심을 갖게 된 것은 2000년에 한 정책연구물에서 만난 "gender-budgets"이라는 단어 때문이다. 이후 젠더 예산이라는 용어는 뇌리에 깊이 각인되었고, 아직도 그 때 눈이 번쩍 뜨였던 신선한 충격을 생각하면 즐겁다. 성 인지 정책은 요즈음 말로 정책의 블루 오션이다. 정책과 예산의 성과와 효과가 중시되는 요즈음 정책의 성 평등 효과에 대한 여성정책의 오랜 고민은 이제 성 인지 정책으로 그 실마리를 잡을 수 있을 것 같다.

덧붙이고 싶은 말이 있다. 이 책을 써야겠다고 결심을 굳히게
된 동기는 나의 아버지께 이 책을 선물하고 싶어서이다. 워낙 달
필이 아닌데다 학창시절 국어과목이 늘 닿을 수 없는 심연처럼 느
껴졌던 나에게 책을 써야겠다는 결심은 사실 평소의 생각은 아니
다. 그것은 나이가 들수록 크게 느껴지는 아버지의 모습 때문이었
다. "젠더 예산" 개념을 접하고 새로운 개념이 주는 혼란스러움 때
문에 헤매면서 경제학적으로도 유의미한 문제제기인지 답을 얻고
싶었을 때, 당신은 새로운 시도라며 격려를 아끼지 않으셨다. 당신
의 격려는 나에게 둘도 없는 큰 힘이 되었다. 당신의 삶은 한국 현
대사의 가장 격동의 시기 그 자체였다. 당신은 일제와 해방, 한국
전쟁과 경제개발 그리고 IMF 시기를 몸소 살아오시면서 한결같이
사사로움 보다는 공익을, 강자보다는 약자의 편에 서는 것을 당연
히 여기셨다. 아버지를 십분의 일이라도 닮기를 바라는 마음을 이
책으로 대신하면서 감사의 마음을 드린다.

2007년 1월

차 인 순

차례

제1부

여성들 목소리에 귀 기울이기

세계의 눈으로 본 한국 여성의 지위

    최근 우리 사회에서 '여성'은 새롭게 정치적, 사회적 키워드로 부상하고 있다. 사법, 입법, 행정, 외무고시에서 기대 이상으로 빠른 여성 합격률의 증가, 여성 수석 입학과 수석 졸업, 그리고 하나씩 허물어지는 금녀의 공간들을 보며, 오랜 동안 갇혀 헤메이던 동굴을 벗어나는 듯 새로운 에너지의 분출을 느끼게 한다. 더디지만 하나의 흐름으로 커져가는 여성정치 참여, 여성 총리의 등장은 자라나는 젊은 여성들에게 미래의 비전을 넓혀주고 있다.

    그러나 세계의 눈으로 본 한국 여성의 지위는 몇몇 여성들의 고위직 진출로만은 낙관할 수 없는 구조적인 문제를 여전히 안고 있다. 지난 10년간 한국 여성의 지위는 조금씩 올라간 것으로 나타나지만, 그 취약성은 여전하다. 세계의 눈으로 본 한국 여성의 지위는 한국의 발전 수준에 비해서 현저하게 낮다는 것이 공통적인 견해이다. UNDP 발표에 의하면 2006년 현재 세계 53위, 다보스 포럼으로 더 유명한 세계경제포럼(WEF) 2006년도 조사에 의하면 115개국 중 92위, 스위스 국제경영개발원(IMD)의 세계경쟁력 평가에서 나타난 한국 여성의 지위는 60개국 중 50위, 마스터카드 인터내셔널의 조사에서는 아시아 13개국 중 2005년에 13위, 2006년에 12위로 발표되고 있다. 세계 경제규모 11위를 자랑하는 나라의 어두운 이면이다. 수치만 놓고 보더라도 한국은 여전히 성불평등을 기반으로 발전하고 있는 나라가 아닌가라는 의구심을 접을 수 없다.

이러한 여성의 지위를 매년 인간개발보고서를 통해서 국제비교 자료를 내 놓고 있는 유엔개발계획(UNDP)의 보고내용을 통해 더 자세히 들여다보자. 2006년 현재 한국 여성개발지수(GDI)는 세계 25위, 양성평등의 수준을 나타내는 여성권한척도(GEM)는 세계 53위이다. 여성인적자원개발 수준이 고 인적자원개발군(High Human Development Group)에 속한다면, 양성평등 수준은 하위그룹에 속한다.

물론 이는 GDI와 GEM이 포함되기 시작한 1995년 90위에 비하면 약 10년 사이의 커다란 변화라고 볼 수도 있다(표 1). 순위 증가에 가장 많은 영향을 미친 것은 여성 국회의원의 증가이며, 다음으로 행정 고위직, 전문직 여성의 증가라고 볼 수 있다. 가장 미미한 영향을 미치고 있는 부분이자, 전체 여성이 관련된 부분이 바로 소득비인데, 2006년에 0.46이라는 수치는 소수의 여성정치인이나 전문, 행정고위직 여성들이 아닌 전체 여성과 남성의 지위 격차를 잘 대변해 주는 동시에 변화가 매우 느림을 보여준다.

나아가 이러한 소득비 문제와 관련하여 주목할 점은 여성인적 자원개발 수준을 의미하는 여성개발지수(GDI)와 평등지수(GEM) 간의 순위 격차이다. 이 격차가 전혀 줄어들고 있지 않다는 점이다. 표에 나타난 GDI와 GEM 간의 순위 격차를 따져보면 2000년도 이후에도 약 30위 내외의 격차를 지속적으로 보여주고 있다. 이러한 현상은 우리 사회에서 개발된 여성 인적 자원이 적합하게 활용되지 못하고 또 정당한 대우를 받지 못하고 있음을 의미한다.

<표 1> 한국여성의 지위(세계 순위 비교)

	GDI (여성 개발지수)	GEM (여성권한 척도)	여성 정치 참여%	행정 고위직 및 관리직%	전문직 기술직 여성%	소득비 (성별임금 격차)**
1995	37	90	1.0	4.1	42.5	22
1996	31	78	2.0	4.2	45.0	27
1997	35	73	3.0	4.2	45.0	28
1998	37	83	3.0	4.4	31.9	29
1999	30	78	3.7	4.2	45.0	−
2000	30	63	4.0	4.7	31.9	−
2001	29	61	5.9	5.0	31.0	0.45
2002	29	61	5.9	5.0	34.0	0.45
2003	30	63	5.9	5.0	34.0	0.46
2004	29	68	5.9	5.0	34.0	0.46
2005	27	59	13.0	6.0	39.0	0.48
2006	25	53	13.4	7.0	38.0	0.46

(UNDP, 인간개발보고서, 각년도)
** 지표산정방법이 3차례 바뀜

바로 이러한 격차가 여성정책이 주목해야 할 부분이다. 여성인적자원의 개발은 남성에 못지 않게 이루어지고 있지만, 무엇인가 여성들을 가로막는 수많은 정치, 경제, 사회, 문화적 요인들이 있다는 점이다. 법과 제도의 측면에서는 OECD가 3·8 세계여성의 날을 맞아 처음 시도한 젠더·제도·발전(GID) 보고서의 발표 결과처럼 한국의 양성평등제도는 세계 4위일지도 모른다. 그러나 정말 세계 4위라면 이것 역시 GDI과 GEM의 격차와 마찬가지로 제도와 현실간의 갭의 문제를 보여주는 것이나 진배없다.

이와 같은 제도와 현실간의 괴리, 개발된 자원과 실제 사회참여 간의 간극은 여성정책에게 두 가지의 정책 방향을 시사한다. 하나는 현재의 제도와 현실간의 괴리를 좁히기 위해서는 여성들을 가로막는 장애들을 보다 섬세하게 밝혀내어 현재의 법과 제도의 실효성을 하나하나 구축해 나가야 한다는 것이다. 이를 위해서는 여성들의 목소리를 귀 기울여 들을 줄 알아야 한다. 이는 물론 정책의 공급자 입장에서 정책을 펴는 것이 아니라 정책의 수요자 입장에 서야 가능하다. 다른 하나는 기왕에 추진되기 시작한 성 주류화(GM) 전략의 본격화를 통해서 좁은 여성정책의 울타리를 확장해야 한다는 점이다. 성 주류화는 궁극적으로 성별을 모든 정책 분야의 중심에 놓는 사고이다. 성 인지적 관점을 통합하는 과정에서 성평등에 수용적인 문화와 의식의 성장이 촉진될 것이다.

우리 사회의 양성평등 수준을 고려할 때 여성총리를 이렇게 빨리 보게 될 줄 몰랐다. 그러나 그러한 변화조차 저절로 이루어진 것은 아닐 것이다. 누군가가 먼저 이야기했을 법한 구절을 되뇌인다. 변화는 다가오는 것이 아니라 만들어지는 것이다.

(용어)

GDI	여성개발지수	Gender Development Index
GID	젠더, 제도, 발전	Gender, Insttitution, development
GEM	여성권한척도	Gener Empowerment Measure
GM	성 주류화	Gender Mainstreaming
OECD	경제협력개발기구	Organization of Economic Cooperation & Development
UNDP	유엔개발계획	United Nation Develpment Plan

여성정치 참여가 더 필요한 이유

　17대 국회를 이전의 국회와 대별한다면 이는 아마 성 인지 의회의 맹아를 엿보게 되었다는 점에 있을 것이다. 17대 국회의 차별성은 여성 의원의 수에서부터 출발한다. 16대 5.9%에서 17대 13%라는 2배 이상의 성장은 39명의 여성의원을 등원시켰고(2006년 12월 현재 비례직 승계로 인해 42명으로 14%로 늘었다), 대다수 상임위원회에서 여성 의원들이 활동하는 것을 가능하게 했다. 둘째는 여성정책 현안에 관심 있는 남성의원의 숫자가 늘어났으며, 호주제 폐지의 사례처럼 남성의원의 적극적 연대는 매우 중요한 요소였다는 점이다. 셋째는 양성평등을 주제로 한 의원연구모임들이 생거나, 의원들 사이에 지속적인 문제의식의 공유와 연대를 통해 의정활동에의 반영이 이루어졌다는 점이다.

이러한 요인들이 복합적으로 작용하여 입법활동에서 여성정책 의제는 과거와는 비교되지 않게 상대적으로 빈번히 다루어지게 되었다. 그 결과 법안, 국정감사 그리고 예산안 심사 등 주요 의정활동에서 여성정책 현안들이 골고루 제기되기 시작했다. 각 위원회에서 여성정책 관련 법안들이 새롭게 올라오고, 민주노동당은 첫해의 국정감사의 방향을 "성 인지 국정감사"로 선언하여 관심을 모으기도 했다. 예산안 심의과정에서는 국회 사상 최초로 예산안 조정소위원회에 여성의원 3명이 소위원회 위원으로 활동하여 성 인지적 예산심의의 출발을 알렸다. 299명의 의원 중 13% 밖에 되지 않는 수이지만 그들을 중심으로 한 변화는 결코 작지 않아 보인다.

여성참여의 확대가 정치발전의 대안 중 하나라는 점은 사실 많은 나라들이 공감하고 있는 바이다. 2006년 3월 1일에 있었던 유엔 여성지위위원회(UN CSW) 의원회의에서는 여성정치 참여를 증가시키기 위한 발제와 다양한 사례토론이 작년에 이어 진행되었는데, 이 회의를 계기로 조망된 세계 여성정치 참여수준은 점진적인 증가추세로 나타났다. 이처럼 세계 여성 정치참여 수준이 2005년에 15.8%이던 것이 2006년 4월 현재 16.8%로 증가한 덕분에 한국의 여성정치 참여 순위는 세계 67위에서 77위로 하강했다. 여성이 국회의장인 나라도 2005년 시점에서 27개국으로 늘어났다.

모든 여성정치인이 여성정책을 우선순위에 두는 것은 아니지만, 여성정치인의 수는 여성정책 의제를 보다 비중 있게 만들 것임에 분명하다. 여성의원은 여성들의 정책요구가 전달되는 주요한 네트워크이기 때문에 의회에서 여성의원의 수는 성 인지적 정책의 내용과 방향에 중요한 영향을 미치게 된다. 따라서 현재와 같은 14%, 또는 critical mass라고 불리는 30% 혹은 프랑스와 같은 50% 공천제도의 영향은 의정활동의 내용과 방식을 매우 다르게 구성할 것이라는 추론을 가능하게 한다. 여성의원이 50%가 된다면, 아마 의회는 지금 상상할 수 없을 만큼 다른 모습일 것이다. 의사결정과 협상의 방식부터 달라질 것이다. 그러나 양적인 숫자조차도 필요조건일 뿐이라는 점에 유념할 필요가 있다. 여성의원이 45%를 넘는 스웨덴 의회에서도 성평등의 문제는 여성 의원들이 중요하게 생각하는 현안 중 하나이다. 2005년 스웨덴 의회 자체에서 이루어진 의원 30명에 대한 심층면접 결과는 스웨덴 의회가 양성평등 증진을 위해 더 적극적으로 활동해야 한다고 결론지었다.

우리 사회의 경우, 여성정치 참여의 확대는 지방의회에서 더 절실해 보인다. 보통은 지방의 여성정치 참여 수준이 중앙보다 높을 것으로 기대되지만, 우리의 경우는 그렇지 않다. 금번 지방선거결과를 볼 때, 갈 길은 매우 멀다. 2006년 제4회 전국동시지방선거결과를 보면 비례를 포함하여 여성 광역의원이 733명 중 89명, 여성 기초의원이 2,888명 중 437명에 불과하다.

〈지방선거와 여성정치 참여〉

구분	제3회 2002.6.13		제4회 2006.5.31	
광역의회 의원	63/682	9.2%	89/733	12.1%
기초의원	77/3,485	2.2%	437/2,888	15.1%
시도지사	0/16	0%	0/16	0%
시군구 단체장	2/232	0.9%	3/230	1.3%
비고	여성 비례 : 광역 57명, 기초 327명			

금번 선거에서는 기초까지 비례 여성 할당 50%에 홀수번을 도입한 결과 기초의원의 수가 지난 번 2.2%에서 15.1%로 늘어났다. 주목할 만한 것은 광역의회 의원 여성비율이 9.2%에서 12.1%로 약 3% 증가했다는 점이다. 광역의원의 경우는 2002년 선거부터 비례 50%와 홀수번의 적용이 시작되었기 때문에 3%의 증가는 여성 정치 참여에 대한 긍정적인 신호라고 읽을 수 있다.

하지만, 갈수록 비중이 높아지는 지방자치를 고려하면 충분하다고는 볼 수 없다. 중앙에서의 여성정책이 지방으로 가면 그 정책적 중요성이나 의미가 약화되는 경우가 적지 않다. 중앙의 정책이 있어도 지방재정에서 우선순위를 부여받지 못하면 사업이 이루어지지 못하는 경우도 종종 있다. 중앙이 제시한 정책방향이 각 지역에서 잘 수렴되려면 지방 또한 여성정책 역량을 제대로 갖추고 있어야 한다. 지방 여성정책 발전에 주요한 축 하나가 지방의회 여성의원일 것임은 두말할 나위가 없다.

지방의회는 정부의 지방이양사업의 확대 추세 속에서 지방 여성정책을 보다 체계화 시키고, 성장시키는 역할을 담당해야 하기 때문에 앞으로 그 중요성이 더 높아질 것이다. 때문에 지방정치의 여성참여는 앞으로도 더 늘어나야 한다. 당장은 금번 선거 이후 지방의회로 진출한 여성의원들이 양성평등의 관점에서 지방정책의 어떤 부분을 어떻게, 얼마나 발전시킬 것인지에 대한 접근이 필요하고 또 시민사회의 모니터링도 더 강화되어야 할 것으로 보인다.

「UN 미래보고서」를 비롯한 수많은 미래 서적들이 공통적으로 제기하고 있는 것이 세계화시대 의회 민주주의의 한계와 전자민주주의로의 완전한 대체 가능성이다. 그럼에도 불구하고 지금의 의회는 보다 충실한 정책 의회로서 성숙되기를 요청받고 있다. 성인지 의회에 대한 고민과 변화를 위한 노력은 이러한 요청에 대한 응답이며, 여성정치 참여의 확대를 통해 이에 보다 가까이 다가갈 수 있으리라 본다.

가정과 직장의 양립 — 시간 다시보기

정보화 사회에서 시간은 물질이고 생산성이며, 돈이다. 시간의 흐름을 빠르게 할수록 부가 더욱 창출된다. 또한 시간은 곧 자유다. 자기 시간을 소유하는 자는 자유를 향유한다. 그런데 아이러니하게도 가족에서 삶의 경험은 정보화 사회의 시간의 개념과는 정반대를 경험하게 한다. 출산과 양육 속에서, 환자와 노인들의 보살핌 속에서 여성들이 경험해 온 시간은 느리고 반복적이며, 자신의 자유를 대체한다. 그럼에도 불구하고 보살핌의 시간은 사랑이라는 추상이고, 비생산이며, 또 경제적 가치가 없는 것으로 여겨져 왔다.

가족에서의 노동 시간이 많으면 많을수록 사회에서는 많은 것을 잃을 수밖에 없는 구조로 짜여 있기 때문에 그리고 또 대부분 성별분업의 형태로 여성에게 전가되기 때문에 가사와 양육은 부자유로 경험된다. 이처럼 여성에게는 사회에서의 시간과 가족에서의 시간은 대립적이고, 양자의 시간은 모순적 관계에 놓인다.

실제로 가정과 직장의 양립은 어린 자녀를 키우는 젊은 가족들에게는 시간의 문제로 나타난다. 직장을 다니면서 자녀를 키우는 것은 시간과의 싸움이나 진배없다. 출산휴가와 육아휴직이 지난 다음에도 자녀들은 부모를 원한다. 직장 노동시간이 길고, 노동시간이 탄력적이지 못한 우리 사회에서 아이들은 적절한 보살핌과 가족으로서의 함께 함을 충분히 경험하지 못하게 된다. 경제활동 때문에 보육시간을 끝없이 늘리겠다는 것도 아이의 입장에서 보면 그리 가족친화적인 해결책은 아니다. 어린 아이들이 보육시설에서 10시간, 12시간 있는 것을 상상해 보라. 직장이 끝나기가 무섭게 허겁지겁 달려가는 사람 또한 늘 대부분 여성이다. 아버지가 있다면 아이에게는 그 아버지의 자상한 손길도 필요하다.

아이들은 사랑과 관심을 받을 시간이 필요하고, 부모들도 자녀들에게 사랑과 보살핌을 줄 시간이 필요하다. 근본적인 것은 사회가 가족을 위해 사용되는 느린 시간의 필요성을 인식하고 이를 부모 역할을 하는 이들에게 보장할 필요가 있다는 점이다. 아이들이 직장 일을 다 하고 난 다음 자투리 시간에 돌보아지는 대상이 되어서는 곤란하다. 가족을 위한 시간을 다시 보는 것은 보육시설이나 각종 경제적 지원만으로 해결하지 못하는 문제에 대한 또 다른 방법론적 대안을 모색하는 것일 수 있다.

가족은 정보화 사회에서 요구되는 것과는 다른 종류의 시간을 원한다. 이 두 가지 종류의 시간을 함께 인식하며, 양립하게 하는 것이야말로 정책이 눈여겨보아야 할 대목이다. 정책은 시간의 개념을 다시 인식할 필요가 있다. 여성과 남성이 가족의 유지를 위해 쓰고 있는 시간을 분석하여 이를 정책에 반영하는 일에서부터 가사노동에 의해 생산되는 경제적 가치에 대한 위성계정을 만드는 일, 노동시간의 효율적 관리에 기반한 탄력화, 그리고 육아휴직 기간에 남성 참여 늘리기 등 성역할에 가려진 시간들을 성 인지적으로 드러내줄 새로운 정책적 상상력이 필요하다.

가족은 언제 국가를 필요로 하나?

2005년 3월 호주제 폐지 이후 가족정책은 우리 사회에서 새로운 관심의 영역으로 부각되고 있다. 가족관계에서 여성과 남성에 대한 차별적 규정이 사라진 이후 가족정책과 관련하여 다양한 현안이 제기되고, 그에 따라 입법이 진행 중이다.

현재 가족정책은 여성가족부와 보건복지부가 세부 소관업무를 달리하여 집행하고 있다. 여성가족부는 보육정책, 한 부모 가족 지원정책, 가족정책 기본계획의 추진, 결혼 이민자 가족지원 등을 중심으로 업무를 집행하고 있으며, 보건복지부는 모자보건 정책, 보육을 제외한 아동정책, 저출산 대책, 노인정책 등을 수행하고 있

다. 이외에도 2006년 현재 호적을 대체할 신분등록이나 부부재산
권, 이혼절차 등은 법무부 및 대법원 소관 사항이다.

호주제 폐지 이후 다양한 가족관련 법안이 전면에 등장함과 동
시에 표면화된 사실은 가족에 대한 이해가 얼마나 사람마다 다르
고, 또 학문적으로도 얼마나 다양한가에 관한 것이다. 그것은 아마
도 가족을 모두가 경험하고 있고, 어쩌면 가족을 자신들의 경험만
큼 이해하기 때문일 것이다. 그러나 가족정책에서의 가족은 이토
록 수많은 가족의 경험을 다 나열할 수는 없을 것이며, 다만, 가족
과 가족구성원, 가족과 국가와의 관계에 대한 명확한 입장이 이야
기되어야 할 것으로 보인다.

가족정책에 대한 접근은 기본적으로 사적 공간으로 인식되는
가족과 공적 개입으로서의 정책과의 관계가 어떠해야 하는가 라
는 문제제기로부터 출발한다. 가족을 하나의 단위로만 보는 시각
은 가족 구성원 개인의 인권문제를 왜소화시킬 우려가 있다. 가족
을 하나의 단위로 보고, 가족을 남이 자세히 알 필요가 없는 사적
인 공간으로만 인식한다면 가족 안의 개별 구성원의 심각한 인권
침해의 사안이나 불평등의 문제는 덮어질 수 있다는 점이다. 당연
한 이야기일지도 모르지만 가족을 이야기할 때도 가족 구성원으
로서 개인의 인권이 우선순위에 있음을 분명히 할 필요가 있다.

반면 가족정책이라고 해서 가족에 대한 국가의 개입이 모두 정

당화되는 것은 아니라고 생각한다. 가족에 대한 국가 개입의 타당성에 대한 성찰이 없다면, 국가가 가족을 통제하거나 국가가 바람직한 가족의 방향을 유도할 수 있다는 전체주의적 발상이 들어설 위험성도 배제할 수 없을 것이다. 따라서 가족정책은 개인—가족—국가 사이의 개입의 경계를 잘 조절해야 하는 정책임에 먼저 유의할 필요가 있다.

국가가 가족정책을 통해 사적인 공간인 가족에게 개입하고자 할 때에는 분명한 이유들이 있어야 한다고 본다. 그것은 우선 가정폭력, 성폭력 그리고 다양한 형태의 학대로 인해 가족 구성원 개인의 존엄이 무너지고, 인권이 침해받을 때이다. 다음으로는 정상가족 이데올로기가 다양한 형태의 가족에 대한 편견과 낙인을 생산/재생산하고 있을 때이다. 가족정책은 다양한 가족이 건강한 삶을 실천할 수 있도록 지원하는 것이어야 하며, 특정한 유형의 가족을 일반화된 모델로 상정하게 되는 우를 범해서는 안 된다고 본다. 조은희 교수의 지적처럼 가족은 인간의 기본권으로 파악할 수 있기 때문에 누구라도 가족으로 구성된 공동체에게는 어떠한 형태의 가족이든 법의 보호를 받을 권리가 있다[1]. 이외에도 빈곤으로 인해 가족이 부양과 보호, 양육과 교육 등의 제기능을 하지

---

1) 조은희(2006), '현행 건강가정지원법 및 그 외의 제출된 법안에 대한 몇 가지 검토', 국회 여성가족위원회, 「건강가정기본법 개정 등에 관한 공청회」 자료집, 2006.4.14.

못할 때, 또 기존의 가부장적 문화와 관습으로 인해 여성에게 이중부담과 차별이 행해질 때 등이 있을 것이다.

나아가 가족정책은 가족 내의 문제에 대한 접근만으로는 한계가 있다. 다양한 형태의 가족은 이미 사회와의 상호작용 속에 놓여 있고, 다른 범주의 정책에 영향을 받고 있기 때문에 가족에게 주요하게 영향을 미치는 경제, 복지, 노동 정책 등과의 연계된 정책 수립을 더불어 요한다.

마지막으로 가족정책과 관련하여 꼭 짚고 넘어가야 할 부분이 있다. 현재 가족정책의 틀에서 아동정책은 보육정책을 제외하고는 크게 부각되지 못하고 있다. 우리 사회에서 매우 작은 비중을 차지하고 있는 것이 아동에 대한 입법과 정책 영역이다. 아동과 관련해서는 아동복지법과 영유아보육법, 유아교육법 정도이며, 법적 아동을 만 18세까지로 볼 때 청소년기본법과 성보호법도 손에 꼽을 수 있다. 하지만 아동과 관련된 종합적인 정책 비젼과 과제를 제시한 아동정책 기본계획 조차 없는 것은 우리가 심각하게 생각해 보아야 할 대목이다.

가족구성원 중에서 누가 가장 중요한가라는 질문은 어쩌면 잘못된 질문일지도 모른다. 인권의 측면에서는 모두가 소중하지 않은 사람은 없다. 그러나 아동이 자기 목소리를 스스로 내지 못하는 유일한 사회 집단이라는 점을 고려할 때, 더욱 섬세하면서도 다각도의 아동관련 입법이 요청된다.

호주제 폐지
— 기나긴 여정의 끝 그리고 새로운 시작

오랜 여정

2005년 3월 2일 오후 5시 30분경. 국회 본회의장에서 호주제 폐지를 알리는 민법중개정법률안이 통과되는 의사봉 소리가 울려 퍼졌다. 호주제 폐지와 성씨 선택권에 대한 찬반 토론이 본 회의장까지 팽팽하게 이어진 끝에 민법중개정법률안은 찬성 161명, 반대 58명, 기권 16명으로 가결되었다. 이로서 1958년 민법에 구체적으로 명시된 호주와 호주의 권한이 47년 만에 역사의 뒤안길로 물러나게 되었다.

국회에서 호주제 문제가 거론되기 시작한 것은 1974년으로 거슬러 올라간다. 첫 시도는 1974년 2월 28일 제9대 국회[2]의 여성 국회의원이었던 이숙종 의원 외 48명이 발의한 민법중개정법률안. 이 안은 민법에서의 양성 차별 규정이 합리적인 제도로 시정될 필요가 있음을 제기하면서 호주제도의 일부 개정을 제안하였다. 그러나 이 법안은 곧 철회되고 이듬해인 1975년 4월 9일 호주제도에 관한 모든 규정을 삭제하는 호주제도 폐지를 골자로 하는 민법중개정법률안이 다시 이숙종 외 19인의 이름으로 발의되었다.[3] 이렇듯 호주제 폐지는 국회에서만도 30여년의 세월이 경과한 셈이다.

호주제 폐지는 여성 국회의원을 비롯한 양성평등을 지향하는 여성계의 가장 중요한 현안 중의 하나였다. 113개 여성단체가 참여한 '호주제폐지를 위한 시민연대'는 2000년 9월 호주제 폐지를 위한 국회 청원을 하기도 했다. 2000년 1월 호주제 1차 위헌 소송이 제기되었고 이후 만 5년 만에 헌법재판소에 의해 호주제 규정에 대한 헌법불합치 결정이 내려졌다. 국가 인권위원회 또한 2003년 3월 10일 호주제 관련 규정이 가족 간의 종적 관계, 부계 우선주의, 남계 혈통계승을 합리적 이유 없이 강제하여 인간으로서의

---

2) 당시는 통일주체국민회의에서 국회의원의 1/3을 뽑던 시절. 여기서 선출된 의원들의 국회내 교섭단체가 바로 유신정우회(유정회)였으며, 임기는 3년이었다. 이숙종 전 의원은 유정회 1, 2기 의원이었다. 9대 여성의원 수는 전체 의석수 219석 중 12명으로 5.5%를 차지하고 있었다.

3) 이 법안은 1977년 12월 17일 대안 폐기 되었으며, 대안에서는 주지하다시피 호주제 폐지에 대한 제안은 전혀 반영되지 못했다.

존엄과 가치, 행복추구권, 평등권을 침해함으로서 인권침해로 결론지은 바 있다. 호주제는 유엔을 중심으로 하는 국제 사회에서도 여성을 차별하는 가족제도로 인식되어 왔고, 1999년 유엔의 인권위원회로부터 이에 대한 폐지 권고를 받기도 했다.4) 또한 성씨 선택권 부분은 유엔 여성차별철폐약 중 유보조항5)으로 남겨 진 부분이기도 했는데, 금번의 법 개정을 통해서 만 20년 만에 완벽한 형태는 아니지만 가족 성의 선택에 있어서 부부의 동등한 권리를 부분적으로 부여할 수 있게 되었다고 볼 수 있다.

호주제 폐지는 우리 사회에서 여성과 남성의 평등에 대한, 그리고 가족에 대한 사고의 변화를 보여준다. 이러한 변화가 있기까지에는 국내외적 사회경제적 환경의 변화도 있었겠지만 오랜 기간 동안 수많은 사람들의 땀과 노력을 간과할 수 없다. 그 중에서도 여성 국회의원 40인의 노력은 호주제 폐지의 결실을 선사해 준 결정적인 지렛대라고 볼 수 있다. 호주제 폐지를 위한 17대 국회의 노력은 특별했다. 호주제 폐지에 찬성하는 의원들은 다양한 의정활동을 통해서 호주제 폐지에 대한 논의를 확산시켰고, 지난 해

---

4) 인권위원회 67차 회의, 1999.11.1. 문서 제목 "Concluding observations of the Human Rights Committee: Republic of Korea." 문서번호 01/11/99 CCPR/C/79/Add.114 중 D. recommendations 10절 참조.

5) 유엔 여성차별철폐협약(CEDAW)은 우리나라가 1984년에 비준하여 이듬해인 1985년부터 효력이 발생한 국제협약으로 이중 제16조 (사) 항은 "가족 성 등을 선택할 권리를 포함한 부부로서의 동일한 개인적 권리 확보를 규정하고 있는" 조항으로 부성 원칙으로 인해 유보조항으로 남겨두었던 부분이다.

12월에는 호주제의 연내 폐지를 촉구하는 여야 남성의원 152명의 기자회견도 있었다. 2005년 2월 임시국회로 넘겨진 호주제 폐지는 2월 22일 호주제 폐지를 위한 4당 여성의원들의 마지막 촉구와 함께 2월 28일 국회 법제사법위원회 의결을 거쳐 2005년 3월 2일 본회의에서 빛을 보게 되었다.

2005 개정된 내용은

호주제 폐지는 일부 국민들이 우려하는 바와 같은 가족 해체가 아니라, 현실의 다양한 가족을 인정하고 이들이 차별과 편견으로부터 자유로울 수 있는 법적 기반을 제공하여 오히려 가족의 안정을 높이는 데 기여한다.

○ 현실의 가족 모습을 반영

호주를 중심으로 가족이 정의되고, 남계 우선으로 호주가 계승되고, 자녀는 자동적으로 아버지의 집안에 입적이 되고, 아내는 혼인과 동시에 남편의 집안으로 적을 옮겨야 했던 가부장적 가족의 법적인 기반은 사라지게 되었다. 한 부모 가족이나 조부모-손자녀 가족, 이혼, 재혼 가정, 동거 가족 등 다양한 가족이 늘어나고, 가족 관계에서도 민주주의와 평등이 중요해진 만큼 호주제가 규율하는 가족관계는 현실적으로나 관념적으로 부합되지 않았었다.

현대 사회에서 행복하고 따뜻한 가족관계는 민주주의와 평등을 통해서 가능한 것이지, 호주 혼자의 책임과 권한으로 이루어지는 것은 아니기 때문이다. 호주제와 관련된 조항들이 삭제되면서 가족의 범위는 호주 중심의 가족이 아니라 우리가 보통 살아가고 있는 가족의 모습에 상대적으로 더 가까워지게 되었다. 개정된 민법에서 배우자, 부모자녀 및 형제자매 뿐 아니라 생계를 같이 하는 사위나 장인, 장모 등도 법적으로 가족으로 인정받게 되었다.

○ 부부간의 평등과 자녀의 권리 보호

호주제 폐지와 더불어 이번 개정 민법에서 마지막까지 논쟁의 대상이 되었던 부분이 자녀의 성과 본에 관한 것이다. 과거 민법에서 자녀는 기본적으로 아버지의 성과 본을 따르도록 되어 있고, 아버지가 외국인이거나, 알 수 없거나 남편이 아내의 집안에 입적하는 등 특별한 경우에만, 자녀가 어머니의 성과 본을 따르도록 되어 있었다. 개정 민법에 의해서 자녀의 성과 본은 아버지의 성과 본을 따르는 것을 원칙으로 하되 혼인신고 시에 부모의 협의에 의하여 어머니의 성과 본을 따를 수 있게 되었다. 또한 자녀의 복리를 위해 부, 모 또는 자녀의 청구에 의해 법원의 허가를 받아 성과 본을 변경할 수 있게 함으로서 이혼 가정이나 재혼 가정 등에서 갈등의 한 요인이었던 성씨 문제의 해결이 가능해졌고 따라서 자녀의 안정적 성장에 기여하게 된 셈이다.

○ 그 밖의 평등 조치들

기존 민법은 비단 호주제와 성씨 관련 조항 이외에도 다양한 방식으로 부계 중심성을 유지하는 규정을 가지고 있었다. 이번 개정으로 부계 혈통만이 표현되던 동성동본 금혼 규정이 근친혼 금지로 바뀌게 되었으며, 친생자임을 부인하는 소를 남편 뿐 아니라 부인도 제기할 수 있도록 바뀌게 되었다. 또한 친자확인을 이유로 한 여성재혼기간 6개월 금지 규정이 폐지되고, 입양가정에 대한 편견을 제거하고 안정을 높이기 위해 친양자 제도가 도입되었다.

새로운 시작

이제 비로소 호주제 폐지를 통해서 개인의 존엄과 평등이 보장되는 가족관계의 법적 기반이 마련되었다고 보아도 좋을 듯하다. 호주제 폐지와 성씨 선택권의 부분적 보장은 부계, 부성, 부권으로 구성되는 가부장적 위계의 일정한 해체를 의미한다. 현대 사회의 가족은 가부장적 태도가 초래하는 갈등의 해소를 원하고 있으며, 다양한 가족들이 정책적 관심과 지원을 요구하고 있다.

법적으로 양성평등한 가족관계의 기반이 마련되었다면 남은 것은 실제의 가족이 그러한 기반 위에서 건강히 유지, 성장할 수 있도록 정책적 노력과 의식적 변화를 촉진하는 일이다. 그를 위해서는 새로 논의되는 신분등록제가 양성의 평등과 개인의 존엄을 충분히 담보해내는가가 일차적인 관건일 것이다. 지난 2월 임시국회에 법무부안과 대법원 안이 제출되었고, 법제사법위원회에서는 공청회를 한 번 거친 상태이다. 신분등록의 기본적인 틀이 바뀌는 큰 작업인 만큼 호주제 폐지의 취지를 충분히 살리면서도 장기적인 관점에서 효율적인 신분등록 및 공시의 방식이 정해져야 할 것으로 보인다.

또한 호주제 폐지를 계기로 호주를 정점으로 하는 소위 '정상가족'이라는 통념을 넘어서서 현실의 가족들로 눈을 돌릴 필요가 있다. 정상가족 대 결손가정(문제가정)이라는 이분법이 우리 사회에 여전히 팽배하다. 요보호가정 중심의 가족 지원이 아닌 가족 자체의 생성, 성장, 유지를 염두에 두면서 다양한 가족들이 건강하게 성장해 나갈 수 있도록 지원하는 정책의 방향과 틀의 생산이 요구된다. 건강한 가족이란 외형상의 '정상가족'이 아니라 가족의 구성이 어떠하든 간에 가족 개개인의 성장과 발전을 위해 상호 보살핌을 나누는 가족, 편견과 차별 그리고 폭력이 없는 가족이라는 점을 호주제 폐지와 더불어 다시 한 번 생각해 본다.

여성 몸의 자기결정권

20세기 초반 산아제한 운동가인 마가렛 생어와 1998년 노벨 경제학상 수상자인 아마르티아 센의 공통점은? 굉장히 다를 것 같은 이 두 사람 사이에 공통점은 그들 둘 다 여성 몸의 자유의 문제를 깊이 인식하고 있었다는 점이다.

마가렛 생어는 잘 알려진 대로 미국에서 여성이 임신을 스스로 결정할 수 있는 권리를 찾아 준 사람이다. 당시 미국에서는 의사가 환자에게 피임 정보를 주는 것조차 법으로 금지되어 있었다고 한다. 그녀는 여성들에게 피임을 통해 자신의 몸에 대한 통제가 가능하도록 하기 위해 온 생애를 다 바친 인물이다.

아마르티아 센은 인간 사회의 평등의 문제를 기본적 자유의 분배 문제로 다룬 적이 있다. 센은 그의 저작『불평등의 재검토』에서 임신한 여성의 몸의 자유에 대하여 논하였는데, 그것은 임신한 여성의 몸이 갖는 상대적인 부자유를 기본적 자유의 평등이라는 관점에서 사회 정책적으로 어떻게 보완할 것인가라는 문제의식에 서였다.

최근 저출산 문제의 심각성에 대한 강조와 함께 정책적 대안이 분분하다. 출산 수당을 주거나, 둘째 자녀 보육료 추가지원, 나아가 셋째 자녀 보육료도 지원하는 사례가 늘고 있다. 또한 출산과 양육에 대한 세제지원을 강화하는 안에서부터 보건소 피임시술 규정 삭제, 임산부의 날 제정, 낙태 예방 강화까지 나와 있는 상태이다.

그러나 정작 의문시되는 것은 과연 정부의 출산장려정책이 과연 여성의 몸에 대한 어떠한 철학적 입장을 가지고 있는가 하는 점이다. 여성의 임신과 출산에 사회가 보다 많은 관심과 서비스를 제공하는 것은 나쁘지 않다. 단, 그것은 여성 스스로의 결정이 전제되었을 때만 그러하다. 문제는 우리 사회가 아직 한 번도 여성의 몸의 자기결정권 혹은 선택권의 문제에 대한 대중적인 논의를 거쳐본 적이 없다는 데 있다. 여성 몸의 자기결정권에 관한 한 지금의 출산장려정책이 과거의 산아제한정책과 동일한 느낌을 주는 것은 바로 이 때문이다.

출산이 중요하다고 이야기하기 이전에 임신과 출산은 기본적으로 여성의 몸을 가진 자의 자기결정 사항임이 정책적으로 인지될 필요가 있다. 출산의 중요성을 이야기하려면 낙태의 자유에 대하여서도 이야기하여야 한다. 몸의 자기결정권 없는 재생산권(reproductive right) 논의는 의미가 없다. 한 쪽만을 이야기하고 다른 한 쪽을 침묵하게 만드는 것은 민주주의와도 거리가 멀다. 나아가 임신과 출산을 선택했다면 임신하고 출산하는 몸이 사회에서 차별이나 제약 없이 자유로울 수 있도록 이를 존중하는 사회적 태도와 제도적 뒷받침이 선행되어야 할 것이라는 점이다.

저출산 대책은 단지 출산율이 돈을 뿌림으로서 올라갈 수 있다고 착각해서는 안 된다. 출산의 선택권 문제를 인지하고 출산을 '원하는' 사람들이 실제 출산을 선택하는데 제약이 되는 요소가 무엇인지를 먼저 질문해야 한다. 여성의 자기 결정권과 몸에 대한 존중의 개념이 빠진 출산장려정책은 여성정책의 방향과 정반대의 결과를 낳을 수도 있다는 점을 간과해서는 안 될 것이다.

발상전환 필요한 낙태 정책

　최근 한 번도 정책 어젠다로 논의되지 못했던 낙태 이슈가 저출산·고령화에 대한 관심을 등에 업고 다시 수면 위로 올라오고 있다. 2005년 보건복지부의 낙태 보고서는 정부로서는 최초의 전국 추계이며, 때문에 낙태 수치의 정확성 여부 이전에 낙태를 정책 현안으로 고려한다는 점에서 일견 반갑기도 하다. 낙태문제는 그동안 종교와 철학, 여성학계에서는 심각한 논쟁의 주제였지만, 사회정책의 이슈로는 부각되지 못했었다. 북미와 서유럽에서는 낙태 이슈가 진보와 보수를 가늠하게 하고, 여성의 몸의 권리에 대한 시각의 차이를 드러내 주는 주요한 정책 아이템인 반면, 우리의 경우 강력한 산아제한 정책의 역사 속에서 법과는 별개로 사실상 수용되어져 왔던, 그냥 여성들의 현실적인 선택일 뿐이었다.

그런데 이번 정부 발표를 보면서 스치는 생각은 낙태에 대한 정부의 입장이 어떠한 것인가라는 점이다. 결론부터 말하자면 정책적 관점이 매우 모호하다. 이 모호함이 몸의 자기 결정권의 문제를 뒤로 한 채 여성의 출산력을 국가의 통제 대상으로 여기는 전근대적 사고를 온존시키는 것일지도 모르겠다. 저출산·고령화 대책 차원에서 낙태 금지를 강화하자는 발상이 가장 대표적인데, 물론 이런 모호함은 현행 모자보건법에 기인하는 것이기는 하다. 모자보건법 개정안이 늘 오르락내리락 하지만, 낙태에 대한 본격적인 논의를 제기한 것은 아직 없다.

어떠한 여성도 낙태를 위해 기꺼이 산부인과에 가는 것은 아니다. 낙태에는 기본적으로 죄의식이 내재할 수밖에 없다고 본다. 그럼에도 불구하고 낙태를 하는 핵심적 이유는 그것이 질병이든, 경제적 이유든, 터울 조절의 실패이든, 침해이든, 사회적 낙인이든 간에 '원하지 않는 임신'이며 감당할 수 없다는 점에 있다.

최재천 교수가 고령화에 대한 최근의 저작『당신의 인생을 이모작하라』에서 저출산 현상을 현재와 같은 양육·교육 환경에서 개체들의 생존을 위한 합리적 선택이라고 보았듯이, 낙태도 마찬가지 사안으로 보인다.

낙태의 문제를 단지 여성 개인의 순결 또는 혼인과 결부시키거나 이기심의 발로로 치부하는 한 정부 발표에서 보고된 연간 35만 명 규모의 낙태 문제 해결은 요원하다. 조사에서 나타난 3.6%에 해당하는 10대들의 낙태 문제는 예방의 차원에서 적극적으로 대처하여야 하겠지만, 이것도 근본적으로는 몸의 권리, 자기 결정권과 존중을 기본 철학으로 하는 성교육을 통해서만이 개선될 수 있다.

사회는 여성들이 '원하지 않는' 임신의 상황에서 아이를 낳을 것인가 말 것인가에 대한 그녀들의 결정을 우선적으로 존중해 주어야 한다. 정책적으로 존중한다는 것의 의미는 아이를 '원하지 않음'에 대한 정책적 조치가 필요함을 뜻한다. 즉, 낙태에 대한 정책적 접근은 바로 이 '원하지 않음'의 사회적 이유를 분석하여 임신이 기꺼이 출산으로 선택되도록 하는 사회적 대책의 마련과 함께 직접적으로 낙태가 불가피한 경우에도 태아와 여성에게 피해를 최소한으로 줄여줄 수 있는 다양한 대책 마련에 고심할 필요가 있다.

많은 여성들이 공통적으로 경험하는 낙태 문제가 여성의 이슈로 부각되지 못하는 것은 바로 우리 사회의 젠더 인식 수준의 한 단면을 보여준다. 금지주의적 낙태정책, 발상의 전환이 필요하다.

저출산 대책, 이대로 좋은가?

저출산 시대의 도래

"곤충이나 동물도 종족 본능이 있는데, 환경이 나빠지면 새끼를 안 낳는다. 사람들도 마찬가지다. 키울 여건이 갈수록 악화되어 가는데 아이를 낳으라고 하는 것은 뭘 몰라도 한참 모르는 정책이다."

2006년 1월 관계부처 합동으로 마련한 저출산종합대책「희망한국 21」발표 이후 한 시민의 신문 인터뷰 내용 중 일부이다. 주지하다시피 우리나라의 가장 최근 합계출산율은 1.08로 세계적으로도 최저출산국가군에 속한다. 정부는 출산율이 2.1명으로 떨어진

1980년대 중반부터 인구정책방향을 재정립하여야 했으나, 산아제한 정책으로부터 신속한 정책전환이 이루어지지 못했음을 반성하면서 저출산종합대책안을 내놓았다.

저출산 대책이 강조되면서 출산, 보육, 가정과 직장의 양립 문제가 비로소 국가 사회적 관심을 받게 된 것은 한편 반갑기도 하다. 이런 문제들은 국가 정책의 우선순위에서 늘 부차적인 것으로 취급되어져 왔기 때문이다. 바로 그래서 저출산 현상이 나타나게 된 것이기도 하지만 말이다. 정부는 대책으로 2010년까지 합계 출산율 1.6을 목표로 약 20조에 해당하는 예산안이 담긴 「희망한국 21」을 발표했으며, 이후 6월 수정, 보완된 안으로 '제1차 저출산·고령사회 기본계획안'을 내놓았다. 기본계획안에서는 「희망한국 21」에서의 출산률 제고 1.6 목표를 삭제하고, 출산과 양육에 유리한 환경과 같은 저출산 사회의 대응 기반을 마련하는 것을 목표로 설정하는 등 보다 합리적으로 수정하였다. 기본계획안에서 출산율 제고는 출산율 회복 전망치로 완화되었고, 2010년 1.6에서 1.4로 더 낮추어 잡혔다.

그런데 「희망한국 21」과 '제1차 기본계획안' 사이에는 이처럼 변화가 보이는 듯하지만 내용 속으로 파고 들어가 보면, 기본적인 문제는 여전하다는 느낌이다.

저출산 현상에 대한 즉자적 대응들

저출산종합대책이 구상되기 이전부터 지방정부는 경쟁적으로 출산장려금을 지급하기 시작했다. 사실 시민들이 언론에서 가장 많이 듣고 있는 저출산 대책은 이 출산장려금이다. 서울시와 경기도를 시작으로 적지 않은 수의 지방자치단체에서 출산장려금을 지급하고 있다. 최근 울산시에서는 장애여성의 출산과 육아를 위해 1급에서 4급 장애에 해당하는 여성들에게 산모 및 신생아 도우미 지원금 30만원과 출산장려금 30만원을 지급하는 지원책을 시행한다고 한다. 그러나 이러한 출산장려금은 선심성에 불과하다. 지자체에서는 적지 않은 예산일 수 있고, 출산장려금을 받은 여성은 잠시는 기분이 좋을 수는 있겠지만, 이것이 대책이 되지 못한다는 점은 이미 초기부터 지적되어 온 바다. 어떠한 여성도 단돈 30만원에 아이의 출산을 결정하지는 않기 때문이다. 그럼에도 불구하고 이러한 정책적 현상들이 지속적으로 나타나고 있는 것은 정말 미스테리가 아닐 수 없다.

문제의 「희망한국 21」

2005년 5월 18일 「저출산·고령사회기본법」이 공포되었고, 이 법에 근거하여 대통령을 위원장으로 하는 <저출산·고령사회위원회>가 설치되고 또 보건복지부에 <저출산·고령사회 정책본

부>가 이미 설치되어 있는 상황이다.

기왕의 「희망한국 21」 보고서에 의하면 저출산으로 인한 국가의 심각한 위기에 대한 대책으로 2006년부터 2010년까지 총 소요 19조 3천억 원이 필요하다고 보고 있다. 이미 잘 알려졌듯이 저출산이 향후 경제, 사회 운영 전반에 부담을 가중시킬 것으로 보면서 경제적으로는 노동력 규모의 감소와 고령화로 인한 경제성장의 둔화와 노인에 대한 사회적 부양 부담이 급증하게 되리라는 분석에 기초하고 있다. 문제는 대책인데 저출산의 원인에 대한 분석과 주요 추진대책은 외견상 커다란 문제가 있어 보이지는 않는다. 양성평등한 가족문화 확산에서부터 산모/신생아 도우미 지원, 가족친화적 기업에 대한 인센티브를 부여하는 안까지 다양한 대안들로 구성되어 있다. 몇몇 사업들은 진정성이 의심되는 것도 있지만 대부분 이루어지면 바람직한 것들로 나열되어 있다. 그러나 문제는 그리 간단치 않아 보인다. 그러한 대책들의 종합이 출산율 상승이라는 효과를 낳겠는가 하는 점이다.

양적 지표 중심적 사고는 겉으론 그럴 듯 해보이지만 많은 부작용을 낳을 수 있다. 가장 염려가 되는 것이 이 부분이다. 저출산은 복잡한 사회경제적 요인들의 결과 나타난 현상인데도 저출산 종합대책이 출산율 제고로 집약되는 것은 매우 우려하지 않을 수 없다. 왜 출산을 선택하지 않는가에 대한 원인 분석과 그 원인에 대한 각각의 대책이 지속적으로 추진되어야만 문제가 해결될 가능성이 있음에도 불구하고, 조급한 수치에의 집착에서 한 치도 벗어나고 있지 못하고 있다.

여성 없는 저출산 대책

수정, 보완된 '제1차 기본계획'은 표면상 출산율 1.6 제고를 목표로 삼는 것을 취소하였지만, 세부 대책을 검토해 보면 이러한 발상은 여전하다. 다 거론할 수는 없지만, 예를 들어 국민연금 출산 크레딧을 둘째 아이부터 적용할 계획을 가지고 있다거나, 산모 및 신생아 도우미 지원 사업을 바로 둘째 아이 이상 출산한 가정에게 지원하겠다는 계획, 그리고 현재에도 있지만 둘째 아이의 보육료를 30% 감면해 주는 것 그리고 둘째 자녀부터 아동수당을 지급하겠다는 식이다. 둘째 자녀의 출산을 유도하겠다는 발상이 지나치다. 그나마 「희망한국 21」에 있었던 출산 여성을 우대하기 위하여 공공부문부터 단계적으로 취업 시 자녀 수에 따른 가산점 부여를 추진할 계획이 보이지 않는 것이 다행이다.

이러한 대책들은 바로 국가가 출산율 제고 목표를 위하여 출산을 선택하지 않거나, 한 자녀만을 선택한 여성에게 불이익을 주겠다는 것을 의미한다. 그런데 가족에 대한 지원이 발달해 있는 서구의 여느 나라의 사례를 보아도 첫째를 제외하고, 둘째부터 혜택을 주겠다는 나라는 없다. 저출산 대책의 목표가 정말 주장하는 바대로 출산과 양육하기 좋은 환경이라면 굳이 첫째를 제외한 둘째부터 지원하겠다는 것은 이치에 맞지 않는 이야기다. 국가의 둘째 출산에 대한 집착이 안타깝다. 첫째를 낳아서 길러 본 경험이 즐거운 것이라면 둘째도 자연히 선택을 할 것인데, 몇 푼의 돈으로 둘째를 낳을 것이라고 판단한 정책적 오류는 여전하다. 마치 여성이 아닌 국가가 출산을 하는 것으로 착각하는 것 같다.

그 뿐이 아니다. 인공임신중절을 여성 개인의 윤리적 문제 또는 불임의 원인으로 보고 생명·인간존중운동으로 나가겠다는, 여성의 자기결정권은 조금도 고민하지 않은 구태의연한 대책 역시 출산율 제고의 목표 아래서 진지한 성찰 없이 그대로 반복된다. 또한 양육하기 좋은 대책 중의 하나에 "여성 공무원의 육아 휴직은 3년으로 연장" 하겠다는 계획은 가정과 직장의 양립의 취지를 전혀 이해하지 못한 발상이다. 육아 휴직의 연장이 남성의 참여확대를 통해서 이루어질 수 있도록 제도화해야만 여성이 노동시장에서 2차 노동자가 되는 것으로 막을 수 있다.

이처럼 새로운 기본계획조차 자녀의 출산과 양육 환경 개선 대책은 여전히 불완전하다. 「희망한국 21」 못지않게 기본계획에도 암묵적으로 출산율 제고 목표치만 있을 뿐 출산과 양육하기 좋은 사회 패러다임에 대한 고민은 피상적이다. 이들 개혁에서 여성은 다자녀 출산을 위해 유인되는 대상일 뿐이다. 종합대책이 이러할진데 모른다면 모를까 안다면 직장―양육―가사의 삼중부담과 자녀에 대한 안전과 배려가 부족한 도시사회환경, 과도한 자녀교육의 경제적, 정신적 부담을 기꺼이 감수하고 여성들이 자녀를 더 낳으리라고는 기대하기 어렵다. 여러 논자들이 지적해 온 바와 같이 현재 출산장려정책은 마치 60년대부터 있어왔던 산아제한정책을 정반대로 뒤집어 놓은 것과 같다. 출산이 애국이라는 농담 아닌 농담으로 다시 태어난 것이다. 그러나 상황은 달라졌다. 현재와 같은 환경하에서는 자녀가 없거나 자녀의 수가 적은 것이 삶의 질을 높이는 것임을 체득한 이상, 요란한 캠페인만 가지고 과거로 돌아가기는 어렵다.

아동·청소년에 대한 종합대책까지 충실히 마련해야

이러한 문제들은 사실 저출산 현상과 관련된 충분한 다각도의 기초 연구와 자료가 부족한 상황에서 성급히 종합대책을 세우고자 하는데서 비롯되었다고 보여진다. 경제적 계층별 출산 동향에 대해서 우리는 아직 충분히 알지 못한다. 외국인 이주노동자나 국제결혼으로 인한 인구의 유입에 대한 중장기적 이민정책은 이제 검토를 해봐야겠다고 생각하는 중이고, 오랫동안 이야기되어 온 여성들의 경제활동참여 제고는 저출산이 가장 고민하고 있는 생산가능연령인구에서 핵심적인 부분인데도 그 분석은 있지만 저출산 대책과 충실히 연결되어 있지 않다.

또한 저출산 대책과 관련해서는 무엇보다도 보살핌이 필요한 아동에 대한 종합계획이 우선시 되어야 하는데, 이러한 문제의식이 없다. 「희망한국 21」에 없었던 "미래세대 육성"이 1차 기본계획에 들어간 것은 일보 진전이라고 보여진다. 그러나 그 역시 내용을 뜯어보면, 기존에 보건복지부가 하고 있었던 정책과 사업들의 조각 모음에 불과하다. 그것도 추상적이고 형식적인 것이 대부분이다. 우리 사회에는 지금 아동정책 종합계획도 없다.

단지 인구의 수만이 중요한 게 아니라 인구의 질도 중요하다. 청소년들이 컴퓨터 게임에 중독되고, 그야말로 NEET(Not in Education, Employment and Training)족이 만연한다면 출산율이 올라간들 무슨 의미가 있겠는가. 이런 점에서 초점은 국가의 예비인적 자원인 아동·청소년에 대한 양육과 교육에 대한 보다 총체적인 대책을 고민할 필요가 있다. 보육원에서 생활하는 20,000여 명의 아이들에 대한 국가의 지원이 지방이양사업이 된 이후 예산이 없다는 이유로 보육원 아이들의 생계비 지급도 미루는 경우도 있는 것으로 보도되고 있다. 출산장려금을 줄게 아니라 부모 없이 자라는 아이들에 대한 지원을 더 열심히 할 일이다. 한부모 보호시설에서의 자녀양육, 교육비 역시 마찬가지 상황이며, 해외 입양 문제 역시 더 진지하게 다루어질 필요가 있다. 또한 소년소녀가장이라는 기특한(?) 명칭을 붙여줄 게 아니라 부모처럼 이들을 보살펴 줄 수 있는 시스템을 마련해야 한다. 또한 급진전하는 세계화,

정보 민주주의 사회에서 아동과 청소년들이 스스로 내려야 하는 가치판단은 그 중요성이 과거보다 훨씬 더 높아졌다는 점이다. 이것을 가정과 학교와 사회가 길러주어야 하는데 그 어느 곳에서도 대책의 마련이 없다. 단지 걱정만 하고 있을 뿐이다.

이런 점에서 일본의 경험을 잘 살펴 볼 필요가 있다. 일본은 1995년부터 저출산 문제에 적극 대응해왔지만 지난 10년간의 엔젤플랜, 신엔젤플랜에도 별 효과가 없자 2005년부터는 「소자화대책기본법」과 「차세대육성대책추진법」에 근거하여 신신엔젤플랜을 <어린이·자녀양육 응원플랜>으로 바꾸고 초점을 차세대 자녀 육성에 두고 있다.

돌봄이 행복한 사회가 되어야만 출산의 선택이 늘 것

양육을 위해 긍정적인 사회구조가 뒷받침 되면 아이를 낳지 말라 해도 낳는다. 양육을 위한 사회구조의 변화는 사실상 사회 전체의 변화를 요구한다. 이 세상을 아이들의 눈으로, 그리고 그 아이들의 양육하는 보호자의 시각에서 총체적으로 점검할 필요가 있다.

모든 형태의 조직활동 이를테면 기업, 기관 그리고 사적인 모임에서도 자녀를 돌보는 것이 충분히 배려되는 가족친화적인 시간 배열과 가족친화적 공간 구성이 필요하고, 돌봄의 노동에 남성들의 참여와 시간투자가 관건이다. 또한 정책적 대안은 종류가 많은 게 중요한 게 아니라 실효성이 담보되는 것이 더 중요하다. 이를 위해서는 사업계획들이 더 섬세해질 필요가 있다. 모성보호와 육아 휴직제도를 사용한 후 오히려 승진심사에서 후순위가 되는 씁쓸한 결과를 낳는다면 제도가 강화된들 효과를 보기는 어렵다.

정책이 이벤트가 되어서는 곤란하다. 보여주는 정책이 아니라 꾸준히 행하는 정책이 필요하다. 정책은 공기와 같은 것이어야 한다. 평소엔 느끼지 못하지만 우리가 원활히 살아갈 수 있게 해주고, 문득 고마움을 느끼게 해주는 것처럼. 무수히 지적되어 온 전시행정, 이번 저출산 대책에서만은 반드시 사라졌으면 한다.

여성의 눈으로 본 VISION 2030

지난 달 말 정부와 민간합동작업단에 의해 <VISION 2030>이 발표되었다. 이는 2030년까지 장기적인 국가의 경영지도를 그린 것으로 성장과 복지가 함께 가는 '동반성장' 패러다임을 국가 계획으로 명문화하였다는 점에서 의미가 깊다. VISION 2030은 한 세대를 앞서 내다보면서 미래를 향한 국가정책의 방향을 제시할 만큼 우리의 정책 역량이 커졌다는 점에서, 그리고 복잡, 다원화해가는 사회의 정책적 요구들을 넉넉히 수용하는 자세를 보여준다는 점에서 고무적이다.

그런데 무심하게 이야기하자면 이 계획은 가속화되는 세계화에 직면한 일반론적인 대응이기도 하다는 점이다. 「렉서스와 올리브나무」로 잘 알려진 프리드 만조차도―그는 친세계화론자이다―세계화의 장점에도 불구하고 개별 국가는 개방을 해야할 것과 말아야 할 것을 구분해야 하며, 사회안전망의 강화는 필수조건으로 본다. 이렇게 볼 때 비전 2030의 탄생은 특별히 새롭거나 소위 "진보적"인 것이라기보다는 세계화를 전제로 한 당연한 정책적 대응으로 보인다. 때문에 오히려 염려는 비전 2030이 충분히 성 인지적이지 않을 것이라는 예감이었다.

아니나 다를까 비전 2030을 몇 번이고 숙독해도 2030년에 전체 여성의 삶이 더 나아지리라는 확신이 들지 않았다. 2030년에 여성 경제활동참가율이 65%로 증가된다고 해도 고질적인 여성 비정규직의 문제, 여성 농민의 문제, 빈곤의 여성화 문제가 해결되는 것은 아니다. GEM(여성권한척도)의 상승도 여성 국회의원 수의 증가와 전문직 여성의 증가만 신경 쓰면 상대적으로 용이하게 해결된다. 보육비용의 부모 부담률을 2005년 현재 62%에서 2030년 37%로 낮추겠다고 하나, 보육료 자율화와 병행하여 추진하게 되면 이 수치는 정말 미지수가 된다. 가장 염려되는 바는 2030년에 1인당 국민소득이 5만불에 육박한다고 해도, 현재와 같은 정책 인식 수준이면 여성인권침해는 그대로 지속될 것 같은 걱정이다. 비전 2030이 추구하는 "삶의 기본이 되는 안전한 사회"는 여성에게는 폭력 없는 세상을 의미한다. 그럼에도 가정폭력, 성폭력, 성매매로부터 안전한 사회라는 개념조차 없다. 비전 2030의 안전대책은 어린이 보호구역강화 아니면 단지 과학수사시스템을 확충하여 검거율을 높이겠다는 정도이다. 그것은 지금도 그냥 이야기될 수 있는 것들이다.

비전 2030의 동반성장 패러다임이 여성에게도 진정성을 갖기 위해서는 여성의 눈으로 수정, 보완될 필요가 있다. 그러기 위해서는 작금의 여성정책 현단계를 먼저 냉정히 성찰해야 한다. 여성 국회의원 수, 여성 고위 공직자 수, 전문직 여성 수, 여성 고시합격율 증가를 지켜보면서 즐거워할 때, 늘어나는 여성 비정규직, 농업인으로 대우받지 못하는 여성 농민, 빈곤의 여성화 문제의 개선에는 커다란 진전이 없었으며, 여성 인권침해 예방과 재발방지 또한 답보 상태임을 인정할 필요가 있다. 이들 문제를 보지 못한 비전 2030, 이는 어쩌면 현단계 여성정책의 자화상이 아닐까 싶다.

제2부

젠더, 정책의 중심에 놓기

자유의 크기와 성평등

요즘과 같은 세상에 좌와 우를 이야기하는 것은 넌센스일 수 있다. 하지만, 성평등 정책이 국가 정책 속에서 어떠한 미래의 비전을 가져야 하는지 고민하게 될 때면, 좌와 우의 정책적 패턴을 모두 경험한 미국이나 유럽의 식자들의 생각은 단지 과거의 것만은 아닌 것 같다. 흥미로운 것은 이미 다가온 미래사회를 겪기 시작하면서 두 가지 유형의 사고 모두 성차별 문제와 남녀평등을 중시하고 있다는 점이다.

제로섬 사회로 널리 알려진 레스터 서로우는 최근 저작『부는 용감한 자의 편』에서 지식기반사회에서 필요한 새로운 사고방식을 두 가지 제기한다. 그에 의하면 1차적으로는 유전공학의 진보에 대해 담대해져야 하며, 두 번째로는 여성과 남성에게 동등한 교육과 경제적 기회를 제공함으로서 성차별을 파괴하는데 담대해져야 한다는 것이다. 친자본주의자인 서로우와 정반대의 입장에서는 자끄 아탈리는 사민주의자답게 전혀 다른 방식으로 미래사회를 고민한다. <인간적인 길>에서 그는 인간의 신체까지 상품화하는—시장 경제를 넘어선—시장사회화에 반대하면서 인간적인 길을 위해 공공서비스 무상제공의 확대와 함께 남녀평등의 필요성을 강조한다. 전자가 성장동력에 대한 대책이라면 후자는 일종의 성별 양극화에 대한 해법으로 간주할 만하다.

2006년의 한국 역시 성차별의 개선과 남녀평등을 위한 성 인지 정책의 발전을 고민하고 있다. 지난 10년간 집중적 노력의 결과, 양성평등의 가치는 입법과정과 정책 결정과정에서 부정할 수 없는 가치로 자리 매김 된 듯 보인다. 어찌되었든지 간에 국가가 정책적 차원에서 양성평등의 문제를 주요한 현안으로 다루기 시작한 것은 여성의 입장에서는 기대되는 변화가 아닐 수 없다.

그럼에도 불구하고 새롭게 던져져야 하는 물음은 지금 국가가 왜 양성평등 정책을 강조하고 있는가라는 점이다. 저출산과 고령사회에 대한 대책을 모색하는 와중에 보육정책의 중요성이 강조되고, 다른 한편으로 전지구적 경쟁체제의 심화 속에서 성장 동력으로서 여성경제활동 참여의 활성화 문제가 사회적 지지를 획득하게 되었다는 것은 여성의 입장에서는 되물음의 대상이다. 성장 동력과 저출산·고령사회의 대비책으로 조명을 받게 된 여성정책은 여성계의 지적처럼 여성을 여전히 발전주의 패러다임에 가두는 것은 아닌지? 여성 스스로가 자신을 정의하지 못하고 국가와 사회, 윤리와 언어에 의해 끊임없이 정의 당해 왔던 모습의 또 다른 표현은 아닌지?

국가는 시민으로서 여성의 자유의 크기를 고민할 필요가 있다. 여성의 자유는 단지 물질적인 자유만이 아닌 몸과 성의 침해로부터의 자유에서 시작된다. 여성의 몸과 성에 대한 존중이 없는, 여성 인권에 기초하지 않은 성평등은 여성의 것이 아닐 수도 있다. 정책은 단순히 여성과 남성을 대비하기 이전에 여성이 무엇을 왜 부자유로 이야기하는지 경청할 필요가 있다. 또 여성의 자유의 크기와 남성의 자유의 크기가 왜 그리고 어떻게 다른지 주목할 필요가 있다. 국가는 여성과 남성에게 최소한의 기본적 자유를 동등하게 제공할 의무가 있다. 기본적으로 같은 자유 안에서 여성과 남성이 자신들의 삶의 다양성을 창조해 나갈 수 있기 때문이다. 기본적 자유는 시간, 안전, 영양, 건강, 교육, 취업 등에서 읽혀질 수 있다.

국가가 국가의 목적으로 여성을 정의하지 않고, 여성 시민의 입장에서 정책의 필요를 정의할 때, 여성정책은 각 분야의 다른 정책들과 진정으로 만나질 수 있다. 여성과 남성의 자유의 문제를 볼 줄 아는 눈, 성 인지 정책의 시작이다.

'역차별' 유감

　최근 우리 사회에서 남성 차별에 대한 관심이 높아지고 있다. 2006년 1월 13일 자 한겨레의 보도에 의하면 서울행정법원은 국민연금법 조항 중 유족연금의 남편차별 조항에 대해 위헌법률심판을 제청했다고 한다. 2004년에 발의된 국민연금법 개정안(유시민의원 대표발의)에는 이러한 남성 차별 조항을 개정하는 내용이 이미 포함되어 있는 상태였다. 또한 남녀차별법령에 대한 여성가족부 연구용역사업이 여러 언론의 관심을 끌었던 이유도 남성 차별 조항이 다수 제기되었기 때문이 아닌가 싶다. 각종 고시와 입사시험에서 여성비율의 증가, 대학 수석입학과 졸업의 여성화

추세가 두드러진 가운데, 평소에 쉽게 제기되지 못했던 남성 차별에 대한 문제제기는 신문 한 면의 대부분을 차지할 만큼 갈급했었던 것 같다.

남성 차별의 문제를 제기하는 것은 성평등의 관점에서 볼 때 환영할 만한 일이며, 필요한 일이다. 그런데 이러한 남성 차별 조항이 한겨레를 포함한 몇몇 언론에서 보도된 것처럼 남성에 대한 '역차별'의 결과는 아니라는 점이다. 성평등이 말 그대로 성 평등인 만큼 여성의 문제만 보자는 것은 애초부터 아니었다. 다만 이것이 사회적으로 여성의 문제로 늘 범주화되는 것은 성평등의 문제가 여성들에게는 보다 심각한 존재의 문제였고 역사를 들춰보면 이 때문에 죽거나 사회적으로 지탄이 된 여성들도 적지 않았다.
'역차별'이란 말은 실상 여성들이 성평등에 대한 조치를 적극적으로 펴 나가고자 할 때 이에 대한 대항의 의미로 만들어진 것이다. 누적된 불평등 구조에 대한 작은 대안 중 하나로 여성할당제나, 여성채용목표제 등을 실시하려 했을 때 '역차별' 주장은 이를 "여성 우대, 남성 차별"라고 항변하곤 했다. 하지만 이 주장은 군과 경찰 등에서 여성을 제한적으로 받아들이고, 예술전공과 교육전공에서 남학생 할당제를 실시하고, 기업들이 여성 신입사원의 비율을 내부적으로 제한하고 있는 지배적인 현실에 대해서는 침묵해왔다. 이처럼 '역차별'은 외면상 평등을 전제로 이야기되는 것

같지만 사실은 성평등이 적극적으로 확대되는 것에 대한 부정의 의미로 구성되어 왔다는 점이다.

우리 법에 남아 있는 남성 차별 조항은 성역할 구분과 그에 기초하여 사회경제적 권리와 책임을 부여해왔던 가부장제 패러다임의 법적 유물에 다름 아니다. 이는 여성 차별의 문제를 제기할 때 그 문제의 근원과 같은 것이다. 따라서 남성 차별의 개선은 가부장적인 사회의 패러다임을 고쳐나가는 과정에서 이해되어야 할 성질의 것이지 적극적인 평등조치를 부정하는 용어로 회자되어 온 '역차별'로 이야기되어서는 곤란하다. 최근 보도에 따르면 공무원의 양성평등채용목표제의 효과가 여성 공무원의 합격률이 증가하는 상황에서 오히려 남성 공무원에게 더 큰 효과를 보이고 있다고 한다. 적극적 조치의 정신을 생각할 때, 결과적으로 남성이 더 혜택을 보았다고 해서 여성들은 '역차별'이라고 이야기하지 않는다.

남녀차별 개선은 성평등 실현의 밑그림에 불과하다. 사회 전체가 성평등 패러다임으로 변화해 나가는 여정을 생각한다면 이제 시작일 뿐이다. 2005년 말에 한 일간지에서 남녀 중견 리더 7명에게 물었다. "다시 태어난다면?" 7명 중 6명이 "남성으로" 태어나고 싶다고 했다. 우리 사회에서 여성으로 사는 것은 여전히 불편하다.

성평등은 본질적으로 '역차별'을 함축할 수 없다. 성평등의 가치는 기본적으로 사회적 약자의 입장에서 자신과 사회에 대한 지속적 성찰을 요구한다. 때문에 남성이 차별받는 문제에도 열려져 있다.

'역차별'이 여성들의 평등 요구에 맞서는 저항 언어로 사용되지 않고 성평등 수준을 가늠할 수 있는 척도가 되기를 희망한다. 정말 사회가 역차별의 수준까지 진보한다면, 성평등은 조용히 그리고 쿨 하게 떠날 것이다.

평등을 위한 적극적 조치

제도는 사람이 만드는 것이기 때문에 제도는 그 사회의 의식과 가치관을 표현한다. 하나의 제도가 생성되는 과정에는 다양한 의견들이 충돌하지만, 다른 의견에 대한 이해와 설득의 과정을 거쳐 탄생이 이루어진다. 적극적 조치도 마찬가지다. 적극적 조치가 제도화되기까지에는 양성 간의 불평등이 어떠한지, 평등이란 어떠한 상태를 말하는 것인지에 대한 문제를 놓고 많은 의견들이 드러났었지만 최종적으로는 양성평등을 이루기 위한 제도적 장치로 채택되게 된 것이다. 적극적 조치는 여성의 참여가 현저히 부진한 곳을 대상으로 실시되어 양성평등에 조금 더 다가간다는 의미를 부여받은 채, 10여년의 시간 동안 사회적으로 조금씩 확대되어 왔다고 볼 수 있다. 여성발전기본법의 제6조와 개별 법률에 근거하여 다양한 조치들이 개발, 시행되어 왔고, 양성평등채용목표제, 여교수 할당제, 여성과학기술자 지원정책, 정부위원회 여성참여율 할당, 공무원 여성관리직 비율 목표제 등 일련의 채용목표제나 할당제 형식으로 나타나고 있다.

그런데 적극적 조치는 우리 사회에서 여전히 수면 밑의 뜨거운 감자인 듯하다. 여성에 대한 적극적 조치는 남성, 아동, 노인, 장애인 등 다른 사회 집단에 대한 형평성을 저해하는 것은 아닌지 의구심을 계속 받고 있다는 점이다. 일부 정책 행위자들은 적극적 조치의 정당성에 확신을 갖지 못하고 있을 뿐 아니라 적극적 조치를 할당의 개념으로 치환하면서, 하나의 파이를 분배할 때 여성이 더 유리한 조건을 가졌다면 다른 파이를 나눌 때는 남성이 유리한 조건을 가져야 한다는 식의 기계적 분배 논리까지 만들어 내기도 한다.

개인적 차원에서 기회의 평등만을 바라보고 경쟁하는 사람들에게 적극적 조치는 역차별로 보일 수도 있겠다. 그러나 정책은 사회구조를 보아야 하고, 미래 전략을 가져야 하는 것이다. 흔히 인용되는 세계 53위라는 성별권한척도(GEM) 순위만 염두에 두어도 적극적 조치의 필요성은 금방 이해가 간다. 여성 국회의원 수는 14%, 지방의회 여성의원은 광역 12%, 기초 15%, 여성 공무원 관리직 약 6%, 여성 전문기술직 34%, 여성들이 경제활동참여는 약 50%, 그리고 벌어들이는 평균 소득도 각각 남성의 절반밖에 되지 않는다. 게다가 여성 고용 상태가 비정규직이 70%를 차지한다는 것을 감안하면, 인구의 절반을 차지하는 여성에 대한 대책 마련은 매우 자연스러운 것이다.

이러한 전체적 상황을 조금이라도 연결시킨다면, 현재의 적극적 조치가 '우대'가 아님을 쉽게 알 수 있을 것이다. 기회의 평등을 부여해도, 출산과 양육 등 조건의 평등을 마련하는 조치를 취해도 쉽게 변화되지 않는 성 불평등, 즉 유리벽과 유리천장의 제거에 영향을 미치기 위한 것이라는 점을 말이다.

여성에 대한 적극적 조치를 '우대'로 보는 것은 일견 감정 일 수 있다. 여성의 불평등 상태에 대한 인식의 공유와 확산을 통해서 극복해야 할 문제이다. 평등하다면 적극적 조치도 필요 없다. 그런 점에서 정부의 성별영향평가 분석 사업에 거는 기대가 크다. 일반정책이 성별에 미치는 영향과 연결시켜 분석하다 보면 알지 못했던, 새로운 불평등의 현실이 드러날 수 있다. 불평등 현실에 대한 공감은 새로운 적극적 조치를 낳을 수 있다. 이 사업이 내실 있게 진행되어 보다 많은 사람들이 다양한 분야에서의 성 불평등의 현실을 감지하고, 이에 대한 개선책을 마련하는 계기가 되기를 바란다.

성 인지적 관점 없는 정부 혁신

1

매년 여성주간에 발표되는 「통계로 보는 여성의 삶」은 늘 기다려지는 발표 중 하나다. 여성정책의 성과를 통계로부터 직접 도출하기는 어렵지만, 적어도 사회현상으로서 여성 이슈는 늘 확인할 수 있기 때문이다. 「통계로 보는 여성의 삶」을 보면서 늘 의아해했던 것은 통계청 발표에는 왜 가정폭력, 성폭력 통계가 없을까 하는 점이었다. 인구, 출산, 교육, 가사노동, 경제활동 등등 그 언저리에서 끝난다. 여성가족부의 통계자료실에도, 여성개발원의 여성통계연보에도 성폭력 통계표는 1998년에 한국형사정책연구원의 서울지역 연구 결과가 고작이다. 통계청의 사회조사통계 질문항목을 들여다보니 <안전>이라는 부분에 들어갈 법도 한데 없다. 범죄 피해에 대한 두려움이나 준법여부, 야간보행, 전화폭력과 같은 오래된 질문항목 뿐이었다. 현재 정부가 정책의 근거로 삼고 있는 가정폭력, 성폭력 관련 통계는 상담소 집계나 연구 용역의 결과이다.

2

지난 8월 초, 호주 통계국에서 20여년 이상을 재직한 사회통계 전문가의 <성 인지적 통계>에 대한 세미나에 참석할 기회가 있었다. 짧은 시간 동안의 간략한 호주 통계국의 업무방식과 내용에 대한 소개였지만, 머릿속은 계속 우리 상황과 비교하느라 복잡했다. 호주 통계청은 가정폭력, 성폭력 여성 이슈를 깊이 있게 다루고 있었을 뿐 아니라, 각종 여성 이슈에 관한 조사와 통계 자료의 구축, 그리고 윈도우 온 위민(window on women)이라는 무료사이트를 개설하여 통계에 대한 친절한 해설과 질의, 응답 그리고 연구 보고서까지 제공하고 있었다. 솔직히 가장 부러웠던 것은 통계청이 여성담당부서와 적극적으로 협조하고 있었고, 여성 이슈를 다루는 것을 사소한 일이 아니라 매우 자연스러운 일로 여기는 점이었다. 이는 '통계는 사회적 이슈를 충분히 담아내야 한다'는 그들 나름의 원칙을 철저히 실천하고 있기 때문인 것 같았다.

3

　정부는 지금 혁신사업을 진행하고 있다. 정부의 혁신사업은 1990년대 중반부터 국제사회에서 논의되고 실천되어 온 굿 거버넌스(good governance)의 일환이다. 정부의 주장대로 작은 정부, 큰 정부가 문제가 아니라 좋은 정부가 되려면, 새롭게 바꾸는 것 못지않게, 기본적인 것에도 신경을 써야할 것 같다. 정책 기획과 판단의 근거가 되는 통계작업에서부터 성 인지적 정책의 틀을 진지하게 다시 고민해 보아야 할 듯싶다. 또한 제도적 혁신의 하나로 거론되는 성과관리제도가 성별 성과를 알 수 없는 성과지표에 기반하고 있다는 기본적인 결함도 인지할 필요가 있다. 정부가 성 인지적 관점의 통합에 소극적인 모습을 보일 때마다, 성평등은 배제된 혁신이 아닌지 우려를 금할 수 없다.

성별 요구에 우선순위 부여하기

가정의 살림살이에도 돈을 써야 할 곳과 아껴야 할 곳이 있듯이 나라살림도 마찬가지다. 그런데 이 우선순위를 정하는 것은 쉽지 않다. 나라살림인 만큼 수많은 의견과 이해관계들이 모이고, 다단계의 의사결정과정을 통과해야 한다. 나라 살림에 여성들의 삶의 요구가 녹아 들어간 것은 얼마 되지 않았다. 한국전쟁 이후로 보호주의적 관점에서 여성 대상 정책은 있어 왔지만, 일반 시민의 요구로서 여성들의 요구라는 인식은 아직도 미진하다. 한 예를 들어보자.

초등학교 저학년의 자녀를 둔 어머니는 학교로부터 일 년에 여러 차례에 부름을 받는다. 학부모 설명회도 아니고, 학교 행사 자원 봉사도 아닌 배식과 청소를 위해서 말이다. 학교에서 모든 자녀들의 명단을 짜서 '어머니'가 오는 날짜와 시간을 정해서 가정으로 안내문을 돌린다. 학교마다 사정은 다르지만, 한 학기에 급식 2번, 청소 2번에서 심지어 최고 한 달에 2번까지 청소와 급식만을 위해서 8번에서 20번까지 뛰어야 한다. 물론 모든 어머니가 다 갈 수 있는 것은 아니다. 여성들은 생각 보다 많이 일을 하고 있다. 여성경제활동 참여율은 평균 50% 정도지만 자녀를 초등학교에 보내고 경제활동을 재개하는 여성들이 적지 않기 때문에 30대 후반에서 40대 초반의 경제활동 참여율은 집계된 것 만해도 65%에 달한다. 때문에 아이들의 할머니나 이모가 대신 가기도 하고, 아주 가끔 아버지가 가는 '특별한 사건'도 발생한다. 이도 안 되면 파출부를 일당 2만원 주고 보내기도 한다.

　무엇보다 염려스러운 것은 모든 아이들이 어머니와 함께 살고 있는 것은 아니기 때문에 혹 어느 아이에게 큰 상처가 될지도 모른다는 점이다. 청소와 배식은 학교의 기본 운영에 관한 사항이다. 이것은 운동회나 미술제 등 각종 학교 행사에 시간이 되는 부모가 자원봉사해주는 것과는 다른 차원이다. 한 초등학교에서 청소와 배식에 드는 여성 무급 노동의 가치를 화폐가치로 환산해 보았더니 연간 약 5,000만원. 이것을 어림잡아 전국의 5,600여개 초등학교 수로 곱해 버리면, 연간 약 2800억 원 규모의 예산이 쓰여야 할 곳에 쓰이지 않고 여성의 무급 노동으로 대체되고 있다는 주장이 가능하다. 쓰일 곳에 쓰이지 않는 예산은 여러 사람 괴롭히게 된다. 가정과 직장의 양립을 위해 고군분투하는 여성들에게 자녀 학교로부터 낮 시간 호출은 가던, 가지 않던 계속 부담이 될 수밖에 없다. 만약 지금이라도 청소와 배식에 학교 예산이 제대로 사용된다면 어머니가 없는 아이들, 직장 다니는 여성 그리고 지역사회 모두가 즐거울 수 있다. 사회적 일자리 사업과도 연결시켜 청소와 배식의 일자리를 필요로 하는 남녀에게는 좋은 기회도 될 수 있다.

여성들의 정책 요구는 많은 부분 성별 요구이다. 개중에는 단순한 이익집단적 성격을 띠는 것도 있겠지만, 대부분은 성 역할이나 성별분업 때문에 발생하는 문제다. 일찍이 모저(C. Moser)는 여성의 요구를 성별의 요구라는 용어로 바꾸어 사용했는데, 이는 여성의 요구는 생물학적 유사성에 따른 요구로 인식되기 쉽고, 이 용어는 궁극적으로 성별 관계의 변형을 위해서는 제한적이라고 보기 때문이었다.6) 모저의 논의에서 성별 요구는 전략적 성별 요구(Strategic Gender Need : SGN)와 현실적 성별 요구(Practical Gender Need : PGN)로 구분되며, SGN은 여성의 불평등이 재생산되는 구조에 도전하는 것으로 불평등한 성별관계를 변화시키는 것과 관

---

6) 모저(Moser)는 이러한 자신의 개념을 M.Molyneux의 전략적 성별 이해와 현실적 성별 이해에서 재개념화한 것임을 밝히고 있다.

련된 요구이고, PGN은 현재 여성과 남성이 처한 상태나 역할로부터 비롯되는 요구이다.

성별 요구를 모저처럼 두 가지의 요구로 분리시켜서 이해하는 것은 정책이 여성들의 다양한 요구 중에서 '어떠한' 요구를 반영해야 하는가 혹은 어떠한 요구에 우선순위를 두어야 하는가를 결정하고자 할 때에 유용하다. 그럼에도 불구하고 성별 분업 구도하에서 발생하는 PGN 즉 여성들의 현실적 요구, 예를 들면 전업주부들의 여가 문화활동이나 자원봉사 활동과 같은 요구들이 성 인지적 관점에서 볼 때 전통적인 여성성의 강화라는 화석화된 구분으로 배제되어서는 안 된다는 점이다. 물론 현실적 요구들은 여성들이 경험하고 있는 불평등의 구조에 도전하는 것은 아니다. 더욱이 이러한 사업들에 대한 예산 지원이 성별분업의 정당화에 기여하는 것이라면 성 평등의 추구와는 모순이 아닐 수 없다.

그러나 성별 요구 또한 고정불변하다고 볼 수 없으며, 현실적 요구의 실천이 전략적 요구의 실천에 기여할 수도 있다. 예를 들어 여성들의 자원봉사가 가정폭력, 성폭력, 성매매 피해자 보호 프로그램 혹은 보육 서비스에 연결이 된다면, 저소득 한부모 가정의 문화 프로그램 지원에 연결된다면 그 의미가 적지 않을 것이다. 이처럼 PGN이 성평등 추구에 기여할 수 있게 하려면 사실상 성 인지적 관점을 어떻게 통합하는가에 달려 있다.

보다 중요한 것은 정책이 그 사업의 대상을 결정할 때, 우선적으로 소득계층에 의거하는 것처럼, 성별 변수와 성별 요구를 기본적인 분석과 고려의 대상으로 삼는 것이 중요하다. 모든 다른 변수들 중에 성별변수가 언제나 항상 가장 중요하지는 않을 것이다. 그러나 성별 양극화 현상을 치유하려면 성별 요구가 국가정책의 기본적인 변수로 고려되어야 함은 명약관화해 보인다.

공무원의 성 인지력 향상, 성평등의 열쇠

지난 해 국회에서는 성매매 예방 교육을 확대하려는 안을 둘러싸고 작은 논쟁이 있었다. 이 법안은 아직도 법제사법위원회에 계류 중인데 현재 초, 중, 고등학교에서 실시하기로 되어 있는 성매매 예방교육을 공공기관까지 확대하려는 것에 대한 것이다. 반론인 즉, 학생들을 대상으로 하는 성매매 예방 교육은 성에 대한 가치관을 정립한다는 차원에서 필요하지만, 일정한 소양을 가진 것을 전제로 채용된 공무원들에 대한 교육 의무화는 문제가 있다는 것이다. 예방 교육의 확대는 공무원들을 잠재적인 성매매 범죄자로 보는 것이며, 이는 공무원에 대한 명예에 관한 문제라고까지

지적한다. 나아가 성 의식의 차원에서 성매매 예방 교육이 필요하다면 전국민을 대상으로 하여야 하는 것임에도 특수권력관계에 놓인 공무원들에게 강제하는 것은 공무원과 비공무원의 차별이라는 의견도 개진되고 있다.

이러한 반론은 다소 예상하지 못한 것이기는 했으나, 곰곰이 생각해 보면 '성매매 예방교육'이라는 단어에 대한 즉자적인 거부감을 고려할 때 이해가 안 되는 것은 아니다. 그런데 이는 예방교육의 의미를 남성중심적으로 해석한데서 기인하는 것은 아닌지 싶다. 현재 성매매 예방교육의 대상인 학생들은 여학생과 남학생 모두이며, 확대의 대상인 공무원도 여성이 34%를 넘는다. 때문에 잠재적 성 범죄자 취급을 염려하는 것은 과도한 우려이다. 성매매 예방교육은 성과 관련된 인권침해의 문제를 제대로 이해시키기 위해 가치관 차원에서 접근하는 것이다. 현재 공공기관 직장에서 시행되고 있는 성희롱 예방교육 역시 대상자들을 잠재적 범죄자로 보는 것이 아니라, 직장 문화에서 성과 관련된 예절을 새롭게 인식시키고 있는 것처럼 말이다. 학교에서의 성매매 예방교육도 성교육의 일환으로 실시되고 있으며, 성에 대한 가치관을 중심으로 전달된다. 물론 이 교육의 대상이 학생만이 아니라, 교사와 학부모도, 또 지역주민들도 이러한 교육을 직접 받을 수 있다면 좋은 일이다. 성매매 예방교육은 크게 보면 우리 사회에서 소홀히 인식되고 있는 여성 인권에 대한 교육이기 때문이다.

이러한 교육을 왜 공무원들이 의무적으로 받는 것이 좋을까? 주지하다시피 정치인을 포함한 공무원들에 대한 국민들의 기대 수준은 매우 높다. 다 아는 이야기지만 공무원들은 정책을 개발하고 형성하고, 집행하는 역할을 담당하는 사람들로 국민에게 미치는 영향력이 크기 때문이다. 헌법에 공무원의 국민에 대한 책임이 명시되어 있는 것도 그 때문일 것이다. 그런데 현재 대다수의 공무원은 순환근무제로 일을 한다. 성 인지적 정책과 같이 기존의 인식과 가치관의 변화가 수반되는 정책을 기획하고 집행하려면, 이 문제에 관한 한 공무원 전체의 의식이 높아져야 함은 필수적이다. 밀양 고등학생 성폭력 사건, 아버지의 지속적 폭력을 견디다 못해 아버지를 살해한 사건, 하월곡동 성매매 화재 참사 등 여성 인권과 관련된 사건들의 발생 원인과 수사와 재판과정을 전체적으로 조망해 본다면 이는 비단 경찰공무원만의 일이 아니라 관련된 공공기관과 학교가 해야 할 일도 적지 않음을 알 수 있다.

국가가 성 인지적 정책 역량을 구축하는 데는 법, 제도, 예산, 조직을 활용할 수 있지만, 그 중에서도 가장 중요한 열쇠는 조직을 움직이는 사람이다. 공무원에 대한 교육과 훈련이 중요하게 여겨지는 이유도 바로 이 때문일 것이다. 성 인지력은 자동적으로 향상되지 않는다. 그것은 인식의 재발견이기 때문에 생각과 인식의 전환을 필요로 한다. 더 이상 '성 인지적이 무슨 말인지 모르겠다'는 말이 마치 날카로운 지적인 양 자랑스럽게 이야기 되지는 말아야 할 일이다.

제3부
좋은 정책 만들기

진화하는 여성정책
― '여성발전'에서 '성 주류화'로

여성정책은 그 동안 수많은 논자들에 의해 정치, 경제, 사회, 문화 등 모든 분야에서 남녀가 실질적으로 평등한 사회를 이루려는 포괄적인 국가정책으로 정의되어 왔다. 1995년에 제정된 「여성발전기본법」 상의 정의를 인용하면, 여성정책은 남녀평등, 여성 사회참여 그리고 여성 복지를 확대시키는 정책이다. 이러한 정의들이 함의하는 것은 여성정책이 말 그대로 단순히 '여성'에 대한 정책이 아니라는 것에 있다.

우리 사회에서 법적인 용어로 여성정책이 사용되기 시작한 것은 이제 불과 10여년밖에 되지 않지만 여성정책의 내용은 빠른 변화가 있어 왔다. '여성발전'이란 용어가 법 제정 당시에도 논란이 있었듯이[1], '여성발전'은 여성문제의 원인 중 하나를 여성 스스로의 저발전에 두는 듯한 인상을 태생적으로 가지고 있다. 때문에 여성사회참여나 여성복지 확대라는 정책 목표조차도 정책 현장에서의 여성정책에 대한 인식을 시혜적인 것으로 오해하기 만들 소지가 있었다. 그러나 이러한 법문의 한계에도 불구하고 여성정책은, 적어도 중앙부처에서는, 여성정책이 '여성발전'에서 '성 주류화(Gender Mainstreaming)'[2]로 그 영역과 방법론을 서서히 확장해왔다. 이는 일부 여성정책에 해당하는 사업들 정도로는 성평등을 효과적으로 달성할 수 없겠다는 판단이 공감대를 넓혀왔기 때문이다.

성 주류화는 성평등 사회 실현을 위한 하나의 전략이다. 성 주류화는 여성을 주요 정책 고객으로 하는 여성정책을 넘어서서 정책 전반에 대하여 성별(gender)의 문제를 중심에 놓게 만든다. 정책의 모든 과정 즉 정책의 결정과 집행, 그리고 점검과 평가 단계에서 여성과 남성에 대한 성별 영향 분석을 함으로서 결과적으로 성 인지적 관점을 통합하도록 촉진하는 작업을 요구한다.[3] 이것의 효

---

1) 동 법안은 1995년 12월, 당시 14대 국회에서 다루어졌으며, 여당이었던 민자당은 "여성발전기본법안"으로, 야당이었던 민주당은 "남녀평등기본법안"을 제출하였었다.
2) 성 주류화는 1995년 북경세계여성대회에서 천명된 성평등 전략이다. 국내에서는 2000년 이후부터 본격적으로 사용되기 시작한 것을 보인다. 용어 도입 초기에 번역어에 대하여 논란이 있었다. 당시 여성부에서는 '여성정책 주류화'로 번역하여 사용하였으나, 학계에서는 성 주류화가 다수 사용되었다.
3) 김선욱(1999), 『여성정책과 행정조직』, 이화여대 법학연구소.

과는 늘 부차적이고 덜 중요한 문제로 취급받아왔던 성평등의 문제를 반드시 기본적으로 분석해야 할 변수로 끌어올린다는 것을 의미한다.

성 주류화의 인식론적 도구는 성 인지적 관점이다. 성 인지적 관점이란 일반적으로 여성이 남성과는 다른 이해와 요구를 가지고 있다고 보면서 여성과 남성의 삶을 비교하고, 여성의 삶의 경험을 반영하며, 특정한 개념이 특정 성에게 유리하거나 불리하지 않은지, 성 역할 고정관념이 개입되어 있는지 아닌지 등을 분석에 적용하는 것을 의미한다.[4] 즉 성별을 중심으로 성별 간의 차이와 차별 그리고 불평등의 문제에 주목하는 것으로 정책이 성별 요구에 민감해지는 것을 의미한다. 이러한 '성 인지적'의 개념은 불평등에 대한 시정의 의미까지 포함한다. 최근 국제사회에서는 성 인지적(gender sensitive)이라는 용어만이 아니라 성 반응적(gender responsive)[5] 이라는 용어도 쓰이고 있는데 이는 차이와 차별의 분석 결과에 따른 불평등의 시정을 강조하는 뜻에서 사용되곤 한다. 이처럼 성 인지적 관점을 통합하는 정책은 여성과 남성 간의 차이에 대한 인식, 그 차이가 결과하는 차별에 대한 인식 그리고 나아가 성차별의 시정 조치라

---

4) 오정진, 이수자, 이재경, 차인순 공저(2002), 『여성정책 용어사전』, 여성부.
5) 유엔 차원에서 성 인지 예산을 주도하고 있는 유엔여성발전기금(UNIFEM), 영연방사무국(commonwealth secretariat)도 성－반응적이라는 용어를 사용하고 있으며, 호주의 론다 샤프(Rhonda Sharp, 2003) 교수도 이러한 용어를 사용하고 있다.

는 세 개의 연결고리로 정책을 새롭게 보는 것이라고 할 수 있다.

성 주류화 전략이 가지고 있는 방법론적 도구들에는 성별 분석, 성별영향평가, 성 인지 예산, 성별분리통계, 성 인지 교육 등이 있다. 정책 과정에서 이 도구들이 종합적으로 사용될 때, 정책의 성 평등 효과는 매우 높아질 수 있다.

이와 같은 성 주류화 전략의 채택으로 인해 성평등을 향한 두 가지 정책적 길이 뚫린 셈이다. 기존의 여성정책과 성 주류화 전략은 성평등을 성취하기 위한 두 개의 서로 다른 전략이자 쌍둥이 길(twin track)이 된다.[6] 성 주류화는 이미 존재하는 기존의 정책을 성 인지적으로 재구성한다는 점에서 가정폭력, 성폭력처럼 새로운 아젠다에 의해서 새롭게 형성되어 온 여성정책과 구분되고 또 상호 대체할 수 없다는 점에서 별개의 전략이 된다.

여성정책은 '여성발전'에서 '성 주류화'로 그 무게 중심을 이동하면서 그 범주를 확장하고 있다. 이것이 종래의 여성정책 유형이 사라진다는 것을 의미하지는 않는다. 기존의 여성정책은 실효성 제고를 위하여 더 정교해지고, 세밀해질 필요가 있다. 성 주류화 전략이 중요한 이유는 그것이 단지 여성정책의 범주가 확장된다는 것에서 그치지 않는다. 성 주류화 확산으로 많은 여성정책 현

---

6) 남녀평등에 관한 보고자 그룹(1998), "성 주류화―개념틀, 방법론, 실제", 유럽평의회 각료회의 자료. 유럽평의회의 북경 여성대회 준비 과정에서 주류화에 대한 본 그룹을 조직하였고, 성 주류화의 개념틀과 방법론이 개발되었다.

안들도 여러 부처의 협조가 원활해지는 효과를 기대할 수 있기 때문이다. 학문영역으로 비유하자면 여성정책은 본질적으로 다학제적(multi-disciplenary)인 셈이다. 성 주류화 전략이 없는 여성정책은 게토(getto)에 머물기 쉽다. 또 관련부처가 열심히 뛰지 않으면 정책의 효율성도 낮아진다. 이는 마치 성폭력 피해를 줄이려면, 단지 여성가족부의 보호 정책만이 아니라, 법무부, 법원, 경찰청, 교육인적자원부, 청소년위원회 모두 다 같이 열심히 움직여줘야 하는 것과 마찬가지이다.

여성정책 현안이 많은 사람들의 공감대를 얻지 못하는 정책적 환경하에서는 정책 이슈로서 "여성"을 강조하는 것은 필요 불가결하다. 그러나 여성정책이 가시화하는 단계를 지나 정책의 실효성을 추구하는 단계에서는 "성 인지"라는 더 큰 도구를 사용할 필요가 있다. 성 주류화 전략은 성평등이 이루어졌다고 보는 사람들에게 성평등 정책이 여전히 필요함을 설득시킬 수 있는 사실들을 많이 발견하게 해줄 것이다.

"같은 것은 같게, 다른 것은 다르게?"

─ 평등원칙 되돌아보기

중립성과 몰성적 접근

사람들은 흔히 특정 여성과 남성을 언급하지 않거나, 명시적으로 성별을 구별하지 않을 때만 중립적이라고 생각한다. 그러나 여성과 남성에 대한 언급이 없는 것은 중립적인 것이 아니라 몰성적인(gender blind) 것이 될 확률이 훨씬 더 높다.[1] 몰성적인 관점은 여성과 남성간에 사회적으로 정해진 다른 역할, 책임 혹은 능력 등을 무시함으로서 불평등을 지속시킨다. 문제는 중립성이 아니라

---

[1] Diane Elson(1999), "Gender—Neutral, Gender—Blind, or Gender Sensitive Budgets?", Gender Budgets Initiative background paper, London: Commonwealth Secretariat.

몰성적인 인식이다.

우리 사회의 헌법적 가치는 기본권의 하나로 평등권을 포함하고 있으며 다양한 공동체와 집단, 제도의 구성원리들이 그 가치 안에서 설명될 때에 합헌적이라고 이야기될 수 있다. 평등이라는 헌법적 가치는 입법, 사법, 행정을 기속하며[2], 국가조차도 마음대로 헌법을 자신의 목적대로 개정할 수 없는 위치를 부여받고 있다. 헌법이 기본권으로 부여하는 평등권[3]은 하위법과 법 적용과정에 이 헌법적 가치를 구체화해 나가야 하는 의무를 부여하고 있다.

그러나 헌법에서 명시한 평등의 중립성이 각 하위법과 법해석에서 그대로 보장되는 것은 아니다. 법조문과 법해석 사이에는 또 다른 가치판단의 개입의 여지가 있으며, 여기서 몰성적인 관점과

---

2) 헌법의 '법 앞에서의 평등'을 해석할 때 입법을 제외한 법적용평등설과 입법까지 포함한 입법기속설로 나누는 경향이 있으나, 김철수(1994), 허영(1999) 모두 입법기속설을 더 타당한 것으로 제시하고 있다.

3) 김철수(1994)는 평등권의 법적 성격을 ①주관적 공권성, ②초실정법적 자연권성, ③평등권과 자유권적 기본권과의 관계 속에서 논하고 있다. 주관적 공권성이란 평등권은 국가로부터 불평등한 취급을 받지 않을 권리로서 개인의 국가에 대한 주관적 공권을 의미한다. 초실정법적 자연권성이란 평등권을 인간의 자연상태부터 있었던 생래의 기본권으로 보는 것으로 헌법의 평등권 선언은 국가의 평등권 보장의 의무를 천명한 것이라고 본다. 평등권과 기본권의 관계에서는 평등권을 자유권의 일종으로 보는 설과 자유권과 구별하여 제4의 기본권으로 보아야 한다는 주장이 있다. 김철수에 의하면 자유권은 국가의 부작위를 요청하는 소극적 권리이고 평등권은 국가의 평등보호를 청구하는 권리로 다른 모든 기본권에 적용되는 것으로 자유권과는 구별되어야 한다고 본다(김철수, 1994: 245).

성 인지적 관점은 논쟁의 공간을 갖게 된다. 이는 법 앞에서의 평등이라는 개념이 갖는 비결정성에서 잘 드러난다.

우리 사회에서 법 앞에서의 평등은 비례적, 상대적 평등과 절대적 평등 개념을 모두 포함하고 있다. 참정권, 교육권 등에서는 성별, 종교 등과 상관없이 누구에게나 동일한 자격이 부여되는 절대적 평등의 개념을 적용하고 있는 반면, 그 밖의 영역에서는 상대적 평등을 적용하고 있다. 상대적 평등의 기준은 대륙법의 경우 자의의 금지를, 영미법의 경우 합리적 차등4)을 그 기준으로 삼는다. 자의의 금지란 본질적으로 평등한 것을 자의적으로 불평등하게, 본질적으로 불평등한 것을 자의로 평등하게 대우하는 것을 금지하는 것을 가리킨다. 합리적 차등이란 합리적인 근거가 주어진다면 다른 대우는 차별이 아니라는 판단기준이다. 그런데 여기서 평등기준의 적용 시 자의성이나 합리성의 기준이 무엇인가에 대한 또 다른 가치판단의 문제가 발생하며 여기에는 부가적인 기준5)

---

4) 헌법과 그 해설서들을 살펴보면, 차별과 차등의 용어가 구분되지 않는다. 법에서는 차별을 이유가 있는 합리적 차별과 근거없이 자의적으로 행해진 불합리한 차별로 구분하여 사용해 왔다. 그러나 차별의 의미는 일상세계에서 '부당한', '옳지 못한' 이라는 도덕적 의미를 내포한 채 사용되어 왔기 때문에 합리적 차별과 불합리한 차별은 매우 혼돈스러운 용법이다. 이 글에서는 정당한, 합리적 이유가 있는 다른 대우는 차등(classification)으로, 부당한, 자의적인 다른 대우는 차별(discrimination)로 사용하고자 한다.
5) 영미법에서 합리성 판단에 대한 부가적 기준으로는 ㄱ) 의심스러운 차등기준 시험 (suspect classification test), ㄴ) 정부의 불가결한 이익 시험 (government's compelling test), ㄷ) 경제적, 사회적 약자의 지위를 향상시키기 위한 우선처우 이론 등이 있다(김철수, 1994: 243).

이 요구된다.

　대륙법의 전통을 따르고 있는 한국의 헌법과 판례에서는 평등의 적용방식으로서 자의의 금지와 함께 비례성의 원칙이 적용되고 있다. 그러나 자의의 금지의 개념 역시 본질적으로 평등한 것은 무엇이고 본질적으로 불평등한 것은 무엇으로 정의할 수 있는가에 대한 또 다른 가치판단을 요구받고 있으며, 차등의 목적과 수단 간의 비례성을 검토함으로서 다른 것을 적절히 다르게 대우했는가에 대한 판단 역시 법원에 맡겨지게 된다.

　그런데 앞서 말했듯이 일반적으로 중립적인 접근은 성별접근을 부정하게 된다는 문제가 있다. 이는 종종 성차를 불평등의 문제와 연결시키지 않은 채 무시될 수 있거나, 성차를 다름으로 고정시키는 몰성적인 접근으로 표현된다. 몰성적인 접근의 문제는 중립성에 대한 몬테피오레(Montefiore, 1975)의 잘 알려진 예문에서 유추될 수 있다.

> "두 아이가 논쟁의 상황에서 아버지에게 개입을 요청한다. … 아버지는 그 자신이 단순히 개입하지 않겠다고 하면, 더 힘이 있고, 자원이 더 많은 형이 우세하게 되리라는 것을 알고 있을 것이다. … 다른 말로 하면, 현재의 중립성의 정의에 따르면 중립적으로 남기로 한 결정은 자연적으로 강한 아이가 우세하도록 허용하는데 이를지도 모른다는 것이다. 그러나 이것은 약한 아이에게는 매우 이상한 형태의 중립성으로 보일 것이다."[6]

"같은 것은 같게, 다른 것은 다르게?"　91

예문에서처럼 단순히 형식적인 중립성은 결과적으로 공정하지 못한 결과를 낳을 수도 있다.[7] 이러한 방식의 중립성은 성별에 적용될 때에도 유사한 방식의 문제를 낳는다. 여성과 남성이라는 사회적 성별범주가 우리 사회에서 일정한 권력과 자원의 불평등과 연결되어 작동하고 있다는 사실을 인식하지 못한 몰성적인 접근은 결과적으로 성불평등을 재생산하게 된다.

법이 실질적 중립성을 발휘하기 위해서는 몰성성에서 벗어나야 하며, 이는 곧 성 인지적 관점의 개입을 의미한다. 우리 사회의 평등원칙의 적용과정에서 헌법적 가치로서 평등과 하위법 및 법해석 간에는 일정한 괴리현상은 평등이 갖는 중립성에도 불구하고 법과 법해석에서는 남성기준이라는 편파성이 작용하고 있기 때문이다.

남성 기준이라는 편파성이 작동하는 배경에는 법이 성불평등을 어떻게 이해하고 있는가의 문제가 놓여 있다. 성차와 성역할에 대한 고정관념은 몰성적인 관점에서는 불평등이 아닐 수 있지만, 성 인지적 관점하에서는 불평등이다. 몇몇 판례에서 알 수 있듯이 법해석들은 맥락에 따라 성불평등을 무시하거나, 성차와 성역할을 고정된 것으로 보거나, 혹은 여성집단을 사회적 약자의 위치에 놓

---

6) Montefiore(1975), *Neutrality and Impartiality*, Cambridge, p.7, Raz(1986), p.114에서 재인용.

7) Joseph Raz(1986), Th Morality of Freedom, NY; Oxfors Univ. Press, 114.

음으로서 성별범주를 지속적으로 재생산해 온 측면이 있다. 그러나 고정된 성차와 성역할 그리고 사회적 약자로서 여성에 대한 규정은 남성적 상상과 기준에 의한 것이다. 고정된 성별범주가 재생산되는 한, 법이 기회의 평등이라는 하나의 중립적 원칙을 엄격히 적용한다고 할지라도 사회, 문화적으로 누적된 성차별의 맥락 속에서 성차별의 결과는 최소한 확대 재생산되지 않을 뿐이다.

'같은 것은 같게, 다른 것은 다르게?'

헌법적 가치로서 평등의 우선성과 다양한 성평등 관련법들에도 불구하고 법해석이 일정한 남성중심성을 보여주는 것은 우리의 법이 수용하고 있는 평등원칙인 "같은 것은 같게, 다른 것은 다르게" 가 성별과 관련하여 적용될 때 일정한 문제들을 안고 있기 때문이다. 일반적으로 '같은 것은 같게, 다른 것은 다르게'라는 적용 방식을 가지고 평등의 문제를 접근한다는 것은 사정이 동일한 경우에는 동일한 사정에 놓여 있는 모든 사람들에게는 동일한 법 원칙을 적용하고. 다른 경우에는 다름의 비례에 준하여 다르게 취급한다는 것을 뜻한다.

같음의 기준은 어디에?

중립적인 절차로서 '같은 것은 같게'의 원칙은 개인들의 주장,

선택에 있어서 경쟁적인 당사자들에 대한 기회의 평등과 연결된
다. 기회의 평등을 언급할 때, 일반적으로 명시적으로 여성과 남성
에게 다른 조건을 언급하지 않을 때 우리는 같게 취급한다고 생각
한다. 그러나 익히 알려진 농협의 '사내부부' 해고무효확인 소송[8]
에 대한 판결은 여성과 남성을 명시적으로 이야기하지 않고서도
남녀가 다를 수 없는 노동권을 다르게 취급한 결과를 낳고 말았
다. 이 판결에서 법원은 농협 측이 인력감축의 기준으로 정한 "경
제적, 사회적 충격이 덜 심한 직원"에 부부사원을 포함시킨 점의
타당성, 그리고 특히 부부 직원에 대해서 "1명이 퇴직하는 것이
바람직하고 부부직원 중 남편이 순환명령 휴직 대상"(판결문 사건
99가합48608)이라고 결정한 점 그리고 피고 농협이 아내의 사직을
남편에게 강조하여 권유하였다는 점을 전혀 문제로 삼고 있지 않
았다. 법해석 상 정리해고의 요건[9] 중 해고대상에서 맞벌이 부부

---

8) 이 사건은 농협의 구조조정과정에서 강요된 명예퇴직과정을 통해 해고된
   기혼여성노동자 2명의 해고무효확인 소송으로 서울지방법원은 강요와 해
   고를 인정하지 않은 채 2000년 11월 원고의 청구를 기각하는 판결을 내렸
   다(서울지방법원 사건 99가합48608).

9) 본 사건의 피고인 농협측의 변론에 의하면, 정리해고나 순환명령대상의 결
   정에 있어서 "미혼의 남녀사원이나 혼자서 가계비를 부담하는 남녀사원 보
   다는 부부사원이 불리한 지위를 차지하여야 한다는 점은 일반적으로 수긍
   되는 것"임을 주장하고 있다. 그러나 피고측 변론이 근거로 사용한 동일한
   참조자료에 기초해 볼 때에도 부부사원이 일방적으로 해고의 1순위가 되어
   야 한다는 것은 잘못된 주장이다. 김지형(1991)에 의하면 일반적으로 부양
   의무를 부담하고 있는 근로자는 이러한 의무가 없는 미혼의 근로자에 비해
   사회적으로 더 많은 보호를 받아야 할 위치에 있으나 다만 맞벌이 부부의
   경우, 배우자에게 부양청구권을 갖게 되므로 미혼의 근로자에 비해 해고에

의 이중소득을 고려하는 것은 노동자들의 부양의무, 연령, 재취업 여부, 재산/궁핍 상태 등등의 다양한 변수들 중의 하나일 뿐인데도 단지 형식적으로 부부사원이라는 이유로 해고의 대상이 된 점을 법원은 엄밀히 검토하지 않은 것이다.

또한 원고측의 변론에서 지적한 바와 같이 부부사원을 대상으로 설정한 것은 단지 맞벌이 부부의 일부에 해당하는데, 다른 회사에 다니는 맞벌이 부부도 적지 않은 상황에서 같은 회사의 맞벌이만 대상으로 하였으므로 농협 측의 행정편의주의적 발상이 아닐 수 없다.

부부사원을 명예퇴직 대상으로 설정하고 남편을 휴직 대상에 포함시킨 것은 명시적으로 기혼 여성의 사직을 언급하지는 않았지만 우리 사회의 성별통념에 입각해 볼 때 간접적으로 아내의 사직을 유도한 것이다. 아내와 남편의 노동권이 별개의 것으로 동등하게 취급되었다면, 구조조정 과정에서 명예퇴직과 남편의 순환명령은 병치될 수 없었을 것이며, 피고 농협이 남편에게 아내의 사

있어 더 우월한 지위에 있지 않다는 것일 뿐이다.(김지형, 1991: pp. 569~570) 또한 맞벌이 부부사원을 해고의 대상으로 삼는 문제 자체에 대하여서도 다양한 입장이 있다. 배우자가 소득을 얻고 있다는 것은 당해 근로관계와 완전히 별개의 문제로 보는 시각이 있는 반면, 다수설은 맞벌이 부부의 사정을 해고에 참작할 이유가 있다고 본다. 그러나 이러한 경우에도 맞벌이가 가족의 생존기반의 유지를 위해 필요불가결한 것이라면 여기서 제외시켜야 한다고 보고 있다. 기타 근로자의 재산상태, 궁핍상태, 근로자의 노동시장에서의 수요 전망 등을 고려하여 사회적 보호여부를 결정하는 것이 타당하다고 보고 있다(김지형, 1991: pp. 573~577).

"같은 것은 같게, 다른 것은 다르게?" 95

직을 권유하는 방식의 구조조정은 있을 수 없었을 것이다. 문제는 법원이 이러한 농협의 간접적 성차별적 해고 방식에 대해 전혀 문제의식을 가지고 있지 못했다는 점이다. 여성의 노동권과 남성의 노동권이 같게 취급되지 못하는 데에는 사실상 여성의 노동권은 덜 중요하다는 편견이 작용했기 때문일 것이다. 결과적으로 여성의 노동권은 기업의 사정과 남편의 사정에 따라 언제라도 우선적으로 박탈될 수 있다는 통념이 다시 한 번 지지된 판결이었다.

농협 사내 부부 해고 사례에서 볼 때, "같음"은 단지 여성 혹은 남성을 명시적으로 언급하지 않은데 있지 않다. 이 사건의 경우, 같음의 척도는 남녀가 동등한 노동권에 있다는 점이다.

성 인지적 접근에서 가장 성공적인 사례에 속하는 「공중화장실법」 개정은 같음의 기준을 어디에 둘 것인가에 대하여 매우 시사적인 통찰을 준다. 지금까지는 여성과 남성에게 "같은" 화장실 면적, "같은" 화장실 설치 예산이 평등의 기준이었을지 모른다. 그러나 화장실의 경우, 같음의 기준은 면적이나 예산 액수가 아닌 시간이어야 한다. 생리적으로, 문화적으로 여성들의 화장실 사용 시간이 남성의 2배라면 평등한 화장실 정책은 여성의 것을 남성의 두 배로 해야 할 것이다. 2배로 넓어져야만 여성은 화장실 대기시간이 비로소 남성과 같게 된다.

다른 것을 어떻게 다르게 취급할 것인가?

'다른 것은 다르게' 라는 평등원칙은 우리 사회에서 성별과 관련하여 두 가지 방향으로 적용되어 왔다고 보여진다. 하나는 적극적 조치 차원에서 '다른 것을 다르게' 대우하는 방식이 그것이다. 할당제에서와 같이 성적 불균형이 심각한 곳에 성평등을 목표로 성별을 다르게 대우하는 것이다. 다른 하나는 몰성적인 관점에서 적용되는 '다른 것은 다르게'를 가리키는데 이는 주로 성차와 성역할에 대한 고정관념 속에서 나타난다.

몇 년 전 황혼 이혼에 대한 대법원의 판례가 이러한 성별 고정관념의 문제를 잘 보여주고 있다.[10] 이 판례에서 이혼을 청구한 여성의 이혼사유는 충분하지 못한 것으로 기각되었다. 법원은 여성이 경험했던 가부장적 남편의 재산독점, 아내 구타와 욕설은 결혼의 파탄의 사유가 되지 못한다고 보면서 오히려 정신장애증상을 보이는 남편을 돌 볼 의무만을 이 여성에게 주문했다. 이에 대한 근거로 법원은 이혼을 청구한 여성의 주장이 혼인할 당시의 사회의 가부장적 가치관 그리고 가족의 유지의 중요성이라는 사회적 통념에 비추어 볼 때 이혼사유가 되지 못함을 제시했다. 법원이 전제한 남편과 아내에 대한 지배적인 통념을 받아들인다면 가부장적 남편의 재산독점, (법원의 관점에서 볼 때 심각하지 않은)

---

10) 대법원 판례 99므180, 중앙일보 1999년 8월 26일자, 1999년 12월 9일 자, 2000년 7월 4일, 7월 10일자 참조.

욕설과 구타는 여성의 이혼의 사유로 인정되지 못하며(그것은 용납할 수 있거나 용납되어야 하는 일이며), 어떠한 경우에도 가족에 대한 여성의 돌볼 의무는 정당하게 된다. 이 사례는 여성의 가족 내의 역할과 지위에 대한 고정관념을 우선적으로 전제하는 상황에서는 여성의 행복추구권은 남편에 대한 돌봄과 가족유지에 종속적이 될 수도 있음을 보여주고 있다.

다른 한편 '다른 것은 다르게'의 적용이 우리 사회의 성차와 성역할에 대한 지배적인 통념에 기초하여 적용된다는 것은 여성을 '사회적 약자'로 보는 시각에서도 동일하게 나타난다. 우리 사회에 커다란 논쟁이 되었었던 군복무가산점제도는 위헌판결을 받았고, 판결은 가산점제도가 사회적 약자들인 여성과 장애인의 희생을 초래하는 제도라고 보았다(헌법재판소 사건 98헌마363, 판결문, 1999. 12. 23). 헌법재판소는 헌법적 가치로서 평등권을 강조하면서 '사회적 약자인 여성'을 국가가 적극적으로 보호해야 함을 역설하고 있다.

'사회적 약자'에 대한 보호가 차별이 아니라는 헌법재판소의 논리는 일견 친여성적으로 보이나, 문제는 '사회적 약자로서 여성'이라는 낙인도 동반한다는 점이다.[11] 여성을 사회적 약자로 보고, 이

---

11) 김선욱은 여성에 관한 보호와 지원에 관한 규정이 차별적 구조와 관계를 인정하는 사회적 가치를 더 허용하게 될 수 있음을 지적하고 있다(김선욱, 1996: 95).

약자를 특별히 보호해야한다는 가부장적 시혜의 성격도 내포하고 있다12). 여성은, 장애인도 그렇듯이 처음부터 '사회적 약자'가 아니라 '사회적 약자'로 만들어진다. 필요한 것은 '사회적 약자로서 여성'에 대한 보호조치가 아니라 여성을 사회적 약자로 만들고 있는 담론과 사회제도의 변화일 것이다.

성차, 불평등 그리고 맥락

성차는 성불평등의 효과일 뿐

성차를 고려하지 못하는 것은 한편으로는 인간의 경험을 무시하는 것이지만 동시에, 다른 한편으로 성차의 가치를 강조하는 것 역시 성별범주의 재생산을 통해 동시대의 성차별 논리에 기여하게 될 위험 역시 안고 있다. 로드에 의하면 이러한 차이의 딜레마는 해결될 수 있는 것이 아니다.13) 문제는 차이가 그 자체가 아니라 차이가 구성되는 맥락을 비판적으로 보고, 이를 변형시켜야 한다는 것이다(Rhode, 1989). 이러한 로드의 인식은 성차에 대한 새로운 접근을 요구한다. 성차란 무엇인가에 대한 순환론적 질문에서 벗어나 성차와 불평등과의 관계를 규명하고 이를 평등의 목표 아

---

12) 조형 편(1996), 『양성평등과 한국의 법체계』, 이화여대출판부.
13) Deborah Rhode(1989), Justice and Gender, Harvard University Press.

래에서 재해석하는 것을 의미한다.

로드는 법이 성별 이슈를 성별의 차이에 의해 파악해서는 안 되며 성별 불이익(gender disadvantage)이라는 개념으로 파악하는 것이 옳다고 본다. 로드의 성별 불평등 접근은 성차 그 자체가 아닌 결과로서의 성차에 주목한다. 이는 성차에 대한 법의 인식이 정치적 권력과 사회적 지위 그리고 경제적 안정성 측면에서 양성 사이의 불균형을 강화시켰는지, 아니면 약화시켰는지 분석하는 것으로 이러한 접근은 어떤 정책이나 기준을 평가하는데 있어서 그 목적이 합법적인가 그리고 수단이 정당한가에 초점을 맞추는데서 더 나아가, 실질적으로 성평등에 기여하는가를 분석하는 것이다(Rhode, 1989). 대부분의 사회적인 성차가 불평등의 효과임을 받아들일 때[14], 성차는 그 자체로 기준이 될 수 없으며, 오히려 성차나 성역할은 불평등의 결과이자 평등이 고려해야 할 사회적 조건의 하나가 된다.

예를 들면 임신과 출산의 문제는 여성만의 특수성 곧 남성과 다름의 문제로만 이해되어져서는 안 된다. 임신과 출산은 여성들만의 고유한 경험이기도 하지만 평등한 노동권 실현에 조건이기도 하다. 여성노동자가 임신과 출산에도 불구하고 자신의 직업적 성취나 평가에 있어 남성 노동자와 다른 어떠한 차별적 취급이나 불

---

14) Catherine MacKinnon(1989), Toward of Feminist Story of the State, Harvard University press.

평등을 결과하지 말아야 한다는 주장이나 임신과 출산의 경험을
여성과 남성이 함께 최대한 공유해야한다15)는 시각 등은 바로 평
등/불평등을 출발지점으로 하여 차이를 바라보는 방식이라고 볼
수 있다.

결과의 평등을 판단의 기준으로 삼기

이처럼 성차가 아닌 성불평등을 판단의 기준이자 출발점으로
제시할 때에 다시 직면하는 문제는 성불평등을 어떻게 확정지을
수 있는가에 관한 것이다. 성 인지적 관점에서 성불평등은 여성과
남성에게 미치는 다른 영향이나 결과의 평등 여부를 통해 판별될
수 있다. 기회의 평등은 물론 그 자체로도 중요하지만 실제 사회
의 누적된 성불평등 때문에 충분조건이 되지 못한다. 기존의 법규
나 제도가 형식상 중립성을 표방한다고 하더라도 이의 효과가 불
평등을 재생산하거나 확대 재생산한다면 불평등효과 혹은 결과적
평등에 의거하여 기존 법의 평등원칙의 적용방식을 의심해 볼 수
있다.

이의 약한 형태는 군복무가산점제에 대한 헌법재판소의 판결문

---

15) 육아휴직 뿐 아니라 출산휴가도 남성이 이용하는 것을 법적으로 허용하는 배
우자 출산휴가에 대한 논의들은 임신, 출산과 관련된 성불평등을 축소하는 것
과 관련된다. 이러한 대안은 2000년 6월 발의된 모성보호관련 법률안에서는 언
급되지 못했으며, 최근 육아휴직에 대한 남성할당제가 논의되고 있다.

에서 보여지고 있다. 이 판결문에서는 군복무가산점제도가 위헌인 이유 중의 하나로서 성별간 불평등 효과의 극심함을 그 근거로 들고 있다.

> "차별취급을 통하여 달성하려는 입법목적의 비중에 비하여 차별로 인한 불평등의 효과가 극심하므로 가산점제도는 차별 취급의 비례성을 상실하고 있다."
>
> (사건 98헌마363 결정)

제대군인들의 병역의무에 대한 사회적 보상방법이 헌법이 강하게 요구하고 있는 성평등에 위배되는 것이라는 헌법재판소의 판결은 바로 불평등 효과의 검토에 근거하고 있다. 이는 '다른 것을 다르게' 대우하는 것이 무제한적일 수 없으며, '다른 것을 다르게' 대우할지라도 차등대우의 목적과 수단 간의 비례성의 원칙이 지켜져야 함을 지적하고 있다. 이유 있는 차등 대우라도 다른 집단의 기본권을 침해하고 기존 사회의 불평등을 확대 재생산하는 결과를 낳는다면 이러한 평등의 방식은 재고되어야 한다는 것이다.

불평등 효과 혹은 결과적 평등을 고려하는 평등 원칙의 적용은 이미 우리 사회에서 간접차별의 논의나 성별불평등 접근(gender disadvantage approach) 또는 불평등 효과 이론(diparate Impact theory)에 의해 문제가 제기되어 왔다. 1999년 3차 개정된 남녀고용평등법은 간접차별의 개념을 도입하여 차별의 개념을 확대시켰는데(남녀고용평등법 제2조의 2), 이 조항이 갖는 의미는 명시적으로는 성별을 언급하지 않음으로서 중립적인 기준을 나타내는 듯 보이지만 그 기준이 한 성이 충족하기 현저히 어려워 결과적으로 특정 성에게 불이익한 결과를 초래하는 간접차별을 금한다는 것이다. 이처럼 간접차별을 판단하는 기준의 하나로 불평등 효과, 결과적 평등이 고려되고 있다.16)

결과의 평등을 고려하는 것은 차별을 판단하는 문제와 맞물려 있다. 직접차별은 명시적으로 성별을 구분함으로서 중립성과 공정성의 문제를 야기하고 있었기 때문에 그 판단이 비교적 용이하였다.

그러나 간접차별의 경우, 명시적으로는 중립적으로 보이는 기준이 성차별적이다 라는 판단에 이르기까지는 이를 판단할 수 있는 부가적 기준과 절차가 요구된다. 간접차별에 대한 소송과 판례의 경험이 이미 축적되고 있는 미국에서는 고용평등기회위원회(EEOC)에 의해 5분의 4규칙(four-fifth rule)이 이에 대한 하나의 방안으로 사용되어져 왔다. 4/5규칙이란 채용, 임금, 승진 등에서 여성의 비율이 남성 비율의 80% 미만일 경우, 차별의 혐의를 두는 방식을 뜻한다. 이외에도 불평등 효과의 법적 판단 기준으로 ① 지

---

16) '농협사건'이 이러한 간접차별의 전형이었음에도 불구하고 '농협 사건'의 피고 변론은 이러한 간접차별을 기업이 수용할 수 없는 논의로 보았고, 법원의 판결문은 간접차별의 문제를 회피했다.

원자 유입 데이터, ② 잠재적인 지원자 풀 데이터, ③ 5분의 4 규칙 등의 통계적 방법과 사업상 필요성 혹은 직무관련성, 대안적 고용관행에 대한 모색 등이 있다.[17]

성별에 관한 한 바람직한 결과는 각각의 맥락에서 여성과 남성의 동등한 성취 가능성에 있다. 법이 모든 결과의 50:50을 강제할 수는 없지만 실질적 성평등과 평등지위의 실현이라는 법적 과제는 결과의 중립성을 판단의 준거로 삼을 수밖에 없으리라고 본다. 여성과 남성의 차이가 본래적이거나 고정된 것이 아니라 사회적으로 구성되어짐을 받아들인다면 성별 관계에서 중립성은 성불평등이 구성되어지는 조건과 맥락까지도 고려해야 한다. 성별관계에서 중립성의 정당화는 절차적 차원이 목적의 천명만으로는 한계가 있으며, 성불평등이 구성되는 맥락과 그 효과까지도 적극적으로 고려하는 결과 차원까지 살펴보아야 할 것이다.

---

17) 한승희(2000), "고용상의 간접차별 판단기준에 관한 연구", 이화여대 석사학위논문.

성 인지적 관점 통합하기

인식적 전제

성 인지 입법, 정책 그리고 예산을 생산하기 위해서는 기존의 몇 가지 개념적 오해들을 털어내야 한다. 그 하나는 정책 범주로서 '여성'을 어떻게 보아야 하는가?, 두 번째로 정책에서의 중립성과 형평성의 관계, 세 번째는 평등개념과 관련된 것이다.

여성 범주

정책 분석에 있어서 여성이라는 범주는 장애인, 노인, 어린이,

농민, 노동자 등과 같은 시민사회의 다양한 집단 중 하나의 범주
로 보아서는 안 된다. 기존의 인간(=남성)이라는 하나의 분석 범
주를 남성과 다른 경험을 하는 여성이라는 두 개의 분석범주로 나
누는 것을 전제로 한다.[1] "여성"이라는 범주 안에 여성 장애인, 여
성 노인, 여자 어린이, 여성 농민, 여성 노동자 등의 하위범주가 생
성된다.

중립성과 형평성

법, 정책, 예산의 중립성과 형평성의 문제도 달리 인식된다. 지금
까지는 정책현장에서 여성을 특별히 거론하는 것이 중립성과 형평
성을 해치는 문제로 보는 경향이 있었지만 성 인지적 관점은 이와
는 정반대로 여성이 남성의 기준으로 설명될 수 없기 때문에 성별
중립성과 성별 형평성을 추구하는 입장에 선다. 정책과 예산의 결
정에 있어서 여성을 특별히 고려하는 태도를 취하게 되면 다른 사
회적 집단들도 모두 고려해야 되기 때문에 감당할 수 없다고 보는
것은 여성범주에 대한 잘못된 인식에 기초하는 것이다. 성별을 충
분히 고려하는 것이 진정한 중립성과 형평성을 추구하는 것이다.

---

[1] 물론 이 세상에 성별은 단지 2개만 존재하는 것은 아니다. 성 소수자의 젠
더문제와 관련된 경험적, 이론적 분석은 본 논의에 포함되지 못했기 때문이
다. 다만, 이 글에서 여성과 남성은 생물학적·사회적 정체성을 통일적으로
전제하였다기 보다는 사회적인 젠더 수행의 차원에서 여성과 남성을 구분
하였다고 이해하면 좋을 것이다.

평등과 적극적 조치

정책 영역에서 평등은 기회의 평등, 조건의 평등, 결과의 평등으로 나누어서 접근할 수 있다. 일반적으로 받아들여지는 평등은 50:50의 동등한 할당, 동등한 기회를 뜻한다. 그러나 더 나아가 여성들의 삶의 경험과 요구가 남성과 동등하지 않은 상황에서 동등한 기회의 규정은 유명무실할 때가 많다. 이것은 각종 규칙에서는 명시적으로 보이지 않는 간접차별이 존재하기 때문이다. 이것을 유리천장(glass ceiling) 그리고 유리벽(glass wall)이라고 부른다.

성 인지적 관점은 조건의 평등이나 결과의 평등을 지향하게 되는데, 이것의 일부는 입법과 정책에 있어서 적극적 조치(affirmative action)의 형태로 나타난다. 이러한 적극적 조치를 역차별로 이해하는 경우가 많은데 이는 평등의 개념을 개인적 차원의 동등한 기회의 문제로만 보기 때문이다. 성 인지적 관점은 개인적 차원에서 더 나아가서 사회구조적인 차원과 누적된 과거의 영향까지도 고려하는 평등개념을 채택한다.

접근방법

성 인지적 정책을 생산하려면 가장 기본적으로 성별간 차이와 이 차이로 인해 어떠한 차별이 야기되는가를 파악하기 위한 인식이 선행되어야만 한다. 이는 크게 3가지 방법을 고려해야 한다.

남녀차별 파악하기

성 인지적 관점을 적용하는 데 있어 가장 일차적인 방법이다. 정책 기획이나 분석에 성별을 기본 변수로 채택하는 것으로, 정책이 여성과 남성에게 어떠한 영향을 어떻게 미치고 있는지를 차이와 그 차별 여부를 분석하는 것이다.

무급의 보살핌 노동과 보살핌 경제를 인식하기[2]

가계와 지역 사회에서 이루어지고 있는 가사와 양육 등 무급의 보살핌 경제를 인식하고 유급 경제와의 관련성을 인식하는 것이다.[3] 그림 1에서 나타나는 바와 같이 보살핌의 경제 영역은 비록 비화폐적인 형태를 띠고 있지만 이것이 없이는 시장 경제가 유지될 수 없다. 물론 거꾸로도 마찬가지이다. 보살핌의 경제가 더 이상 무급으로 이루어질 수 없다면 이는 필연적으로 화폐 경제의 영역으로 진입하게 되며, 거꾸로 유급 경제 영역에서 보살핌 부문을 다루지 않는다면 이것은 무급 경제에서 유지되고 있음을 뜻한다.

보살핌의 경제 영역을 인정하게 되면 이와 연관된 성별간의 경

---

2) 다이엔 엘슨(Diane Elson, 1999)은 이를 Care Economy로 명명하고 거시경제차원에서 논의를 전개하고 있다. 보살핌은 care를 번역한 것이며, 논자에 따라서는 '돌봄'으로 사용하기도 한다.

3) 흥미롭게도 앨빈 토플러는 「부의 미래」(2006)에서 이를 프로슈머경제(Prosumer economy)로 지칭하고 있다. Prosume은 Produce(생산)+consume(소비)를 합성한 신조어이다.

제적 차이와 차별을 발견할 수 있다. 가사와 양육 등 보살핌에 들어가는 시간을 정책의 기획과 분석에 연결시킬 수 있게 된다.

<그림 1> 성 인지적 거시경제 모델4)

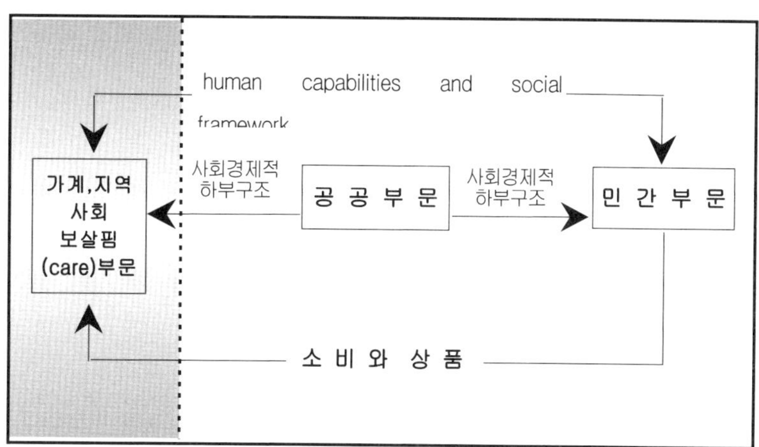

몸과 성의 문제를 사회적으로 접근하기

지금까지 몸과 성의 문제는 사적 영역의 문제로 인식되어 온 경향이 있다. 그런데 이러한 과정에서 여성들의 몸의 경험과 여성 폭력에 대한 문제가 사소화되어 온 점이 적지 않다. 성 인지적 관점은 이러한 문제들을 여성 개인의 문제가 아닌 사회적인 성별의

---

4) Debbie Budlender & Rhonda Sharp(1998), *How to do a gender —sensitive budget analysis*, Commonwealth secretariat 55, 그림 6.2 재인용.

문제로 재정의 한다.

이러한 접근을 채택하면 가정폭력, 성폭력, 성매매와 같은 문제들은 여성 인권 침해의 문제이자 여성의 몸과 성에 대한 안전(safety)의 문제로 인식하는 정책을 펴게 된다. 임신, 출산, 낙태 등의 문제는 선택과 존중의 문제로 다루게 되며, 생리, 모성 보호, 여성적 질병은 여성 건강권의 개념에서 접근한다.

물론 이상의 세 가지 접근 방법은 정책의 사안에 따라서 복합적으로 사용될 수 있다. 성차를 비교하는 것이 가장 기본적인 방법이기는 하지만 여성의 몸과 관련된 문제처럼 특정한 이슈는 비교 집단으로서 남성이 없을 수도 있다.

어쨌든 기존 정책을 성 인지적으로 접근하게 되면, 새로운 사실들이 속속 발견된다. 생생한 사례는 최근 성 인지 의학 보고에 있다. 이 보고에 따르면, 아스피린은 여성과 남성에게 다른 영향을 미친다고 한다.5) 여성이 규칙적으로 소량 복용을 했을 때는 뇌졸중 예방 효과가 있지만, 남성의 경우에는 변화가 없다. 심근경색의 경우는 반대로 남성에게는 효과가 나타나지만, 여성의 경우에는 그렇지 않다는 것이다. 이외에도 약물 부작용이 여성이 남성의 150%라는 보고도 있었다. 이는 임상실험이 주로 남성 몸을 기준으로 이루어져 왔기 때문일 것으로 추측되는데, 모성 기능을 염두에

---

5) 미국 의학협회 저널(JAMA), 뉴욕 주립대 연구진 1966－2005년 시기동안 9만 5,000명을 대상으로 한 연구보고서 종합분석 결과. 서울경제 기사.

둔 것일 수도 있지만, 성별 분리 임상 실험의 필요성과 중요성에 대한 인식이 없기 때문이기도 하다.

성 인지적 관점이 통합된 정책은 여성에 대한 차별적 효과를 줄인다. 동일한 예산을 투입하고 여성에게 불평등한 효과를 낳는다면 그 정책은 평등성에도 문제가 있지만 예산도 비효율적으로 사용하는 셈이다. 성 인지적 관점이 통합된 정책, 효율성도 높을 것이다.

성 인지적 입법

성 인지적 입법은 정책에서 성 주류화를 가능하게 하는 가장 기본적인 틀이다. 그런데 법률에 성 인지적 관점을 통합하는 것은 마치 수학공식처럼 기계적으로 대입하여 결과를 얻는 단선적인 과정은 아니다. 입법과정의 수많은 절차와 단계를 지나면서 다양한 의견들과 만나지고, 때로는 설득하고 때로는 설득당하는 과정 속에서 종합되기 때문에 성 인지적 관점의 통합은 그 자체로서 과정적인 특성을 갖는다.

지금까지 제정 혹은 개정된 성 인지적인 내용을 포함하고 있는 주요 법률들은 다음의 5가지 갈래로 나누어 살펴볼 수 있다.
- 여성정책의 기본틀과 방향
- 남녀차별의 개선
- 여성인권 향상
- 가정과 직장의 양립 조치
- 사회참여 확대를 위한 적극적 조치

이 중 남녀차별의 개선은 기회의 평등의 차원이고, 가정과 직장의 양립 조치는 조건의 평등 차원이며, 적극적 조치는 결과의 평등과 연결된다.

▶ 여성정책의 기본틀과 방향을 제시하는 여성발전기본법

여성발전기본법에는 여성정책의 정의와 여성정책의 기본계획 및 추진체계가 명시되어 있다. 5개년 단위로 시행되고 있는 여성정책 기본계획은 현재 2차(2003~2008)가 추진 중이며, 이 여성정책은 여성가족부를 중심으로 22개 부·처·청이 수행하도록 짜여 있다. 여성정책 추진체계로는 총리가 위원장이고 각부처 장관이 참여하는 여성정책조정회의, 각 부처 정책관리본부장급의 여성정책책임관, 그리고 11개 부처의 여성정책관련 과장/팀장/관련자 네트워크 등이 있다.

이 법에 성 인지적 정책을 뒷받침하는 성별영향평가분석과 성
인지 교육 내용이 포함되어 있는 것은 주목할 만하다.[6] 그러나 이
러한 변화된 내용을 여성정책의 정의나 목표, 기본 이념 등에 포
함시키는 문제와 관련된 법 개정 논의도 일부 있다.

▶ 남녀차별 개선

성차별 법령의 개선은 지금도 계속되고 있다. 여성가족부는
2005년과 2006년에 걸쳐 차별법령을 파악하기 위하여 전체 법령에
대한 조사를 진행한 바 있다. 대표적으로 개선된 법령을 예시하면
다음과 것들이 있다. 참고로 기존의 「남녀차별금지 및 구제에 관
한 법률」은 2005년 3월 2일 폐기되고, 「국가인권위원회법」에 차별
금지와 구제의 항목을 포함하게 되었다.

- ○ 「민법」 중
  - 호주제 폐지
- ○ 「국가유공자예우 및 지원에 관한 법률」 중

---

6) 제10조 (정책의 분석·평가 등) ① 국가 및 지방자치단체는 소관 정책을 수
   립·시행하는 과정에서 당해 정책이 여성의 권익과 사회참여 등에 미칠 영
   향을 미리 분석·평가하여야 한다.
   제21조의 3(한국양성평등교육진흥원의 설립) ① …특정성별에게 불평등이
   발생하지 아니하도록 여성과 남성에게 미치는 영향을 인식·반영하는 능력
   을 증진시키는 교육(이하 "성 인지 교육"이라 한다).

- 혼인한 딸의 보상배제 규정 삭제
- ○「공중화장실 등에 관한 법률」 중
  - 여성 변기수를 남성의 대소변기 합 이상으로 하고, 대통령령이 정하는 장소 또는 시설의 경우는 1.5배 이상이 되도록 함
- ○「부가가치세법」 중
  - 여성용 생리처리 위생용품(생리대) 면세
- ○「산업재해보상보험법」 시행령 중
  - 외모흉터에 대해 여성은 7급, 남성은 12급으로 여성에게 더 높은 보상을 주던 것을 남녀 모두 7급으로 동급화.
- ○「공군항공과학고등학교설치법」 중
  - 여자에게도 입학자격을 부여함.

▶ 여성인권향상

우리 사회에서 여성들은 가정폭력, 성폭력, 성매매로부터 자유롭지 못하다. 가정폭력, 성폭력, 성매매 문제는 3대 여성인권 현안으로 우리 사회의 여성에 대한 존중의식 및 성평등 의식과 비례한다. 현재 중요하게 다루어지고 있는 주제는 2차 피해의 예방과 아동성폭력 근절방안이다. 수사 과정에서 피해자 보호를 강화하기 위하여 성폭력범죄 피해자 전담조사제를 도입하고, 가해자의 재발

방지 교육을 부분적으로 실시하고 있으며, 13세 미만 아동 성폭력
에 대한 처벌과 보호를 강화하기 위해 2006년 9월「성폭력범죄의
처벌 및 피해자보호 등에 관한 법률」개정이 있었다. 관련법으로
는 다음과 같은 것들이 있다.

○「일제하일본군위안부에대한생활안정지원및 기념사업등에관
　　한법률」
○「가정폭력범죄의처벌에관한특례법」
○「가정폭력방지및피해자보호등에관한법률」
○「성폭력범죄의처벌및방지에관한법률」
○「성매매방지및피해자보호등에관한법률」
○「성매매알선등행위의처벌및방지에관한법률」

이외에도 노래방을 매개로 한 성매매 행위를 차단하기 위하여
「음악산업진흥에 관한 법률」중 노래방 도우미 행위와 이를 알선
하는 자에 대한 처벌규정이 새로이 마련되었다.

▶ 직장과 가정의 양립 조치

직장과 가정의 양립은 여성의 경제활동권을 보장하는 조치일
뿐만 아니라 아동의 건강한 성장과 발육에도 매우 중요한 조치이

다. 이를 위해서는 무엇보다도 임신, 출산, 육아를 존중하는 여성, 가족 친화적인 직장문화가 필수적이다. 이를 뒷받침하기 위해서는 말할 것도 없이 대체인력풀 및 예산이 있어야 실효성이 있다. 주의할 점은 이러한 조치의 효과가 성별분업을 강화하는 효과를 낳지 않으려면 남성의 적극적 참여를 실제로 가능하게 해주는 부성권 보장, 예를 들면 배우자 출산휴가, 남성육아휴직 할당 등이 담보되어야 한다. 관련법들로는 다음과 같은 것들이 있다.

○ 「영유아보육법」, 「유아교육법」
　• 0세에서 만 5세 보육, 유아교육 지원
○ 「근로기준법」, 「고용보험법」, 「남녀고용평등법」 중
　• 출산휴가, 육아휴직 비용 지원
○ 「국가공무원법」, 「지방공무원법」 중
　• 특수경력직 육아휴직 가능
○ 「군인사법」 중
　• 출산, 육아휴직 신청 자격 자녀 3세까지 가능

▶ 여성 사회참여 확대와 적극적 조치

정치, 경제영역을 중심으로 볼 때 여성의 참여는 양적으로나 질적으로 아직 취약하다. 이것은 오랜 시간 동안 누적되어 온 성별

분업과 성별 분업적 사회구조로 인한 불균형과 차별의 결과이다. 이를 해소하기 위해서는 불균형이 현저한 곳에 적극적 조치가 작동될 필요가 있다. 관련법으로는 다음과 같은 것들이 있다.

○ 정치참여
  • 「정치자금법」
    정당 국고보조금의 10%를 여성정치발전기금으로 사용, 지역구 여성후보추천보조금으로 여성 후보자 선거경비 지원
  • 「공직선거법」
    국회의원, 시·도의원, 자치구 비례직 여성 50% 이상 추천 및 여성 홀수 순위 부여, 국회의원, 지방의원 지역구 30% 이상 여성 추천 노력

○ 경제활동참여
  • 「교육공무원법」
    대학의 양성평등을 위한 임용계획 수립, 추진 실적 평가에 따른 행정적, 재정적 지원
  • 「여성과학기술인육성 및 지원에관한법률」
    이공계진학 및 진출촉진, 채용목표 도입
  • 「과학기술기본법」
    여성과학기술인 양성 및 활용방안 수립

- 「여성농어업인육성법」

  여성농어업인의 모성보호, 보육여건개선, 능력개발지원
- 「여성기업지원에관한법률」

  여성기업활동 촉진

남은 입법과제의 방향

성 인지적 관점에서 볼 때 앞으로 요구되는 입법과제들은 크게 3가지 방향에서 주목할 필요가 있다. 저출산 고령사회는 필연적으로 가족을 매우 중요한 정책의 대상으로 부각시킬 수밖에 없다. 이 과정에서 아동을 비롯한 가족 구성원에게 구체적으로 필요한 정책이 무엇인가 고민 되어져야 하고, 또한 한부모 가족, 국제 가족 등 가족 다양성에 대한 인식에 기반한 입법이 요청된다.

다른 하나는 몸과 성의 자기결정권에 대한 철학적 논의가 정책 영역에서 정리될 필요가 있다. 생리, 임신, 출산, 피임, 낙태 등을 일차적으로 여성의 몸에서 일어나는 사건을 인식하고 이의 선택권과 자기결정권을 법적으로 보장하는 문제가 남아 있다. 대리모, 인공수정, 배아줄기세포 등 생명공학 영역의 문제와 태반의 사용과 관련된 입법도 성 인지적 관점이 충분히 반영될 필요가 있는 과제다.

마지막으로 보살핌 노동의 사회적, 체계적 접근에 대한 것이다.

보살핌 노동의 객체는 영아, 유아, 노인, 환자, 장애인 등이지만 대부분의 주체는 유급, 무급의 여성들이었다. 고령 사회로의 진전은 보다 많은 보살피는 자를 요구하게 될 것은 자명하다. 현재 시범사업으로 진행되고 있는 노인수발보험제도처럼 보살핌 노동의 사회서비스적 접근이 보다 큰 틀 그리고 성 인지적 관점 하에서 논의될 필요가 있다.

성 인지 예산 제도란?

성 인지 예산(gender sensitive budgets)은 성 주류화 전략이 선호하는 도구 중 하나이다. 성 인지 예산은 지금까지 예산이 성별에 대하여 중립적인 태도를 취함으로 인해 성차별을 유지시키고 있거나 혹은 개선하지 못하고 있기 때문에 성 인지적 접근이 필요하다는 문제의식에서 출발한다. 예산에의 성 인지적 접근은 그 동안 잘 드러나지 않았던 여성들의 경험과 요구를 보다 적극적으로 반영하여 성평등에 기여한다는 데 의의가 있다.

성 인지 예산이 국제적 아젠다로 자리 잡게 된 것은 1995년 북경에서 열린 제4차 유엔 세계 여성회의에서였다. 이 회의는 성 인지적 예산을 성 주류화의 기본적인 도구로 제시하면서 각국이 사회 각 분야에서 성차별이 개선되고 여성들이 보다 발전하기 위해서는 법률과 정책 그리고 예산에 성별 관점(Gender Perspective)을 통합할 것을 요청하였다.[7]

> "(북경여성) 행동강령의 완전하고도 효과적인 이행은 ……
> 여성의 힘의 증진을 위한 인력 및 재정자원을 유용하게 하는
> 정치적인 공약을 필요로 한다. 이는 남녀평등을 보장하기 위한
> 특수 프로그램에 대한 적절한 재정조달 뿐 아니라, 정책과 프
> 로그램에 관한 예산 결정에 성 인지적 관점(gender－perspective)
> 의 통합을 필요로 한다."
>
> (북경 여성행동강령 Ⅵ. 재정적 조치 345절)

이는 성평등과 관련된 사업에 적절한 예산 지원이 있어야 함을 지적하는 동시에 일반 사업의 예산편성에 있어서도 성 인지적 관점이 반영되어야 함을 의미한다. 또한 예산이 여성에게 어떠한 영향을 미쳤는지 제도적으로 점검하고 이에 따라 예산을 조정할 것을 다음과 같이 강령으로 제시하고 있다.

> "…… 행동강령의 전략목표를 수행하기 위한 책임은 각 국
> 정부에 있다. 이러한 목표들을 수행하기 위하여, 공공부문 지

---

7) 북경 세계 여성회의 행동강령전략목표 H.2 , V. 제도적 조치 292, Ⅵ. 재정
   적 조치 345.

출로 여성이 어떻게 이득을 보았는가를 제도적으로 점검하는
노력을 기울여야 한다.; 생산력을 강화하고 사회적인 요구를
수용하기 위하여 공공부문의 지출에 남녀 동등한 접근이 보장
되도록 예산을 조정하여야 한다.”

(북경 여성행동강령 Ⅵ. 재정적 조치 346절)

이후 성 인지적 예산 분석은 세계 각국에서 다양한 형태로 진행
중이다. 의회, 정부, 비정부기구 등이 참여하여 다양한 결합의 형
태로 성 인지적 정책과 예산 분석 활동을 발전시켜왔다. 영국과
호주를 중심으로 영연방국가들(Commonwealth), 유럽연합(EU), 그리
고 남아프리카 공화국을 중심으로 아프리카 대륙으로 확산되어갔
으며, 아시아 지역은 필리핀의 GAD예산 정책을 선두로 확산되고
있다.

국제기구로는 UN이나 World Bank, OECD와 국제개발연구소
(IDRC)의 GRBI(Gender-Responsive Budget Initiative) 등의 주도에 의
해 세계 50여 개국에서 예산과 양성평등의 문제를 연결시키는 정
책이나 활동들을 전개하고 있다. OECD는 2001년 5월 회원국 30개
국에 예산과 성별의 관계를 묻는 정보를 요청한 바 있으며(OECD,
2001)[8], 국제연합 여성발전기금(UNIFEM)도 2001년 10월 브뤼셀에

---

8) OECD는 회원국 각국이 얼마나 예산에 성별분석을 적용하고 있는지를 질문
   했는데, 독일, 폴란드, 슬로바키아 공화국을 제외한 27개국에 설문이 이루
   어졌다. 그런데 이 조사에서 한국은 응답하지 않았다. 질문의 내용은 다음
   과 같다.

서 열린 성 인지적 예산에 관한 정부 고위급회의에서 2015년까지 모든 국가가 예산 과정에 성별 분석을 통합할 것을 요청하기도 했다.9) IPU 또한 2004년 세계여성회의 10주년을 기념한 제111차 총회 결의문을 채택하면서, 결의사항 6항과 10항에서 예산을 성평등 관점에서 검토할 것과 성 인지적 예산분석 도구를 도입할 것을 촉구한 바 있다.10)

우리나라에서 성 인지 예산에 대한 논의가 공론화된 것은 시민사회단체의 청원을 통해서였다. 국회는 이 청원을 받아들여 2002년 11월 8일 <성인지적예산편성및여성관련자료제출촉구결의안>을 채택하였다. 결의안의 내용은 다음과 같다.

---

  * 다양한 정부 프로그램의 성별 영향과 예산 자료에 대한 토론
  * 다양한 정부 프로그램의 성별 영향에 대한 분리된 특별한 보고서.
  * 다양한 정부 프로그램에서의 성별 분리 자료의 사용가능성.
  * 다양한 정부 프로그램에 대한 성별 영향 분석에 있어서 비정부기구와의 협조.
 * 자료의 준비와 사용에 있어서 재무부, 각 부처 및 여성국 등의 역할.
 * 다양한 정부 프로그램을 수행하기 위한 법적 고려.
9) www.undp.unifem.org를 참조할 것.
10) IPU 제111차 총회 결의문, " 제4차 세계여성회의 10주년에 즈음한 의회 차원의 평가", 2004.10.1 제네바.

① 정부의 예산안편성지침의 작성 및 예산안 편성에 있어서 성 인
  지적 관점을 적극 반영할 것.
② 정부의 시정연설시 여성 관련 예산의 편성지침 및 내용을 명확
  히 밝힐 것.
③ 각 행정부처는 여성 관련 예산의 현황 및 편성내역 등을 종합
  적으로 파악하기 위한 관련 자료를 여성부, 국회 여성위원회
  및 예산결산특별위원회에 제출할 것.

후속 작업으로 국회는 2006년 2월 예산결산특별위원회내에 성
인지 재정연구를 위한 TFT를 구성하여 2007년도 예산안편성지침
에 <성 인지 예산제도>의 도입 안을 마련하였다. 이를 바탕으로
기획예산처는 2007년도 예산안편성지침에 성 인지 예산안 편성의
내용을 담았고, 이것을 예산DB로 관리할 수 있게 되었다.

나아가 2006년 재정개혁 내용을 골자로 새로이 제정된 「국가재
정법」에 성 인지 예산제도와 관련된 조항이 명시되었다. 예산의
원칙에 있어 여성과 남성에게 미치는 효과를 고려하여 예산을 편
성할 것과 정부가 예산안과 결산 첨부 서류를 의회에 제출할 때,
성 인지 예산서와 성 인지 결산서를 제출할 것을 의무화했다. 이
조항은 2010회계년도부터 적용된다.

성 인지 예산제도의 도입은 국가의 예산제도를 통해서 정책의 성평등 효과를 관리하게 되었다는 데 의미가 있다. 이는 앞서 1장에서도 살펴보았듯이 성불평등과 불균형이 우리나라가 심각한 편이고 이를 개선하기 위해서는 국가 정책 전반의 접근이 필요하기 때문이다. 기존 여성정책 예산은 국가 전체 예산의 0.5% 정도에 불과하기 때문에 이것이 미치는 영향은 미미하다. 99.5%에 해당하는 예산이 성평등 효과를 내면서 사용된다면 불평등의 개선은 더 빠르고, 효율적일 수 있다.

법적 제도적 장치가 갖추어지기 시작한 지금, 이것을 실효성 있게 만드는 일관된 노력이 지금까지 보다 더 많이 필요하다. 성 인지 예산제도를 통해서 수요자 중심의 사고, 성과 중심의 사고가 안착되기를 기대한다. 그러나 이것이 가능하기 위해서는 성 인지 예산제도에 대한 충분한 교육, 기획예산처, 재정경제부, 여성가족부의 적극적인 협조와 함께 성 인지 예산관련 연구투자 등 인프라 구축이 요구된다.

성 인지 예산의 개념과 방법

개념

성 인지 예산은 매우 다양한 이름으로 불려진다. 성 예산, 여성 예산, 성별 예산, 성 인지적 예산, 성 반응적 예산1) 등으로 다양하게 사용되어 왔다. 외국의 문헌에서도 성 인지 예산은 gender budget, gender sensitive budget, gender budgeting, gender aware budgeting, gender responsive budget 등 문맥에 따라 여러 가지로 쓰여 왔다. 성 인지 예산 활동을 펴고 있는 영연방국가들(Commonwealth) 쪽에서

---

1) 이 글에서는 우리나라에서의 성 인지적 예산 논의가 성 반응적 예산과 다르지 않다고 보고, 그 동안 정부가 연구용역과 시범 사업을 통해 일관되게 사용해 온 '성 인지적 예산'이라는 용어로 사용하고자 한다.

는 성 반응적 예산(gender responsive budget) 이라는 용어를 더 자주 사용하며, 최근 EU 자료에서는 gender budgeting 이라는 용어가 자주 등장한다.

성 인지 예산에 대한 유럽의회의 정의에 따르면,

> 성 인지 예산은 예산과정에 성 주류화를 적용하는 것이다. 이는 성평등을 증진시키기 위해, 예산에 대한 성별평가, 모든 수준의 예산과정에 성 인지적 관점의 통합 그리고 세입과 세출의 재구조화하는 것이다.[2]

이는 론다 샤프(Rhonda Sharp, 2003)의 성 인지 예산의 3가지 핵심 목표의 설명과도 유사한 것으로 나타나고 있다(그림 1). 3가지 목표 중 하나는 예산과 정책이 젠더 이슈에 미치는 영향에 대한 인식을 제고시키는 것이고, 다른 하나는 성평등에 대한 정부의 의지 표명이 실제 예산의 형태로 표현되도록 책임성을 강화하며, 세 번째로는 실제로 예산과 정책이 변화를 보이는 것이다.

이러한 목표들이 달성되기 위해서는 먼저 중립적으로 보이는 예산과 정책이 여성과 남성에게 어떠한 영향을 미치고 있는지에 대한 예산사업에 대한 분석이 필요한데, 여기서의 전제는 성 중립적으로 보이는 것이 반드시 양성평등하지 않을 수도 있다는 점이다. 지금까지의 예산 편성과정을 볼 때, 여성과 남성을 특별히 언

---

2) in www. gender-budgets.org, Nordic Council of Ministers Project

급하지 않고, 예산의 수혜가 남녀 모두에게 미치는 것이면 남성과 여성에게 동등하게 영향을 미친다고 가정해 왔지만 정말 성불평 등 효과는 없는지 실제로 분석될 필요가 있다는 점이다.

<그림 1> 성 인지적 예산조치의 세 가지 핵심목표

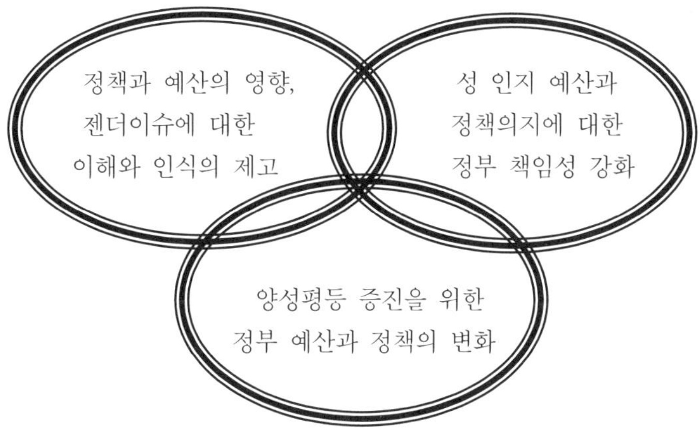

(Rhonda Sharp, 2003, Budgeting for equity, UNIFEM figure1.1)

또한 정부의 책임성을 구현하기 위해서는 예산 과정의 각 단계 속에서 성 인지적 관점과의 통합을 정책 작업화해낼 수 있는 제도 적 장치가 필요하다. 이때에 제도적 장치는 특정 여성정책 부서를 넘어서는 것으로, 이는 성 인지적 예산이 전 부처에 걸친 현안이 기 때문이다. 성 인지적 예산의 핵심은 여성들의 경험과 요구(need)

가 가시화되고 이에 기반하여 차별의 효과를 초래하지 않는 예산 정책을 요구하는 것이기 때문에, 투입에서부터 결과까지 예산 전반에 걸친 분석이 정책 작업화 될 필요가 있다. 나아가 이러한 분석의 결과로서 구체적인 변화가 보여져야한다는 점이다.

종합하면 성 인지적 예산은 성 인지적 예산분석, 성 인지적 예산을 위한 제도적 장치, 그리고 그 결과로서 성 인지적 예산의 편성과 집행이라는 3가지 차원으로 구성된다고 볼 수 있다.

성 인지 예산의 적용 범위와 분류

성 인지적 예산 분석은 세입과 세출 예산 모두를 대상으로 해 왔다.

세입 부분은 주로 간접세인 부가가치세 등 세금을 중심으로 분석되어져 왔다. 영국과 남아프리카 공화국의 분석에서 간접세는 빈곤층과 여성에게 불리하기 때문에 개선되어야 한다는 분석이 도출되었다. 우리나라의 경우에는 생리대 부가가치세 면세가 이에 해당한다. 생리대 부가가치세 면세는 모성 보호 차원에서 이해될 수 있으며, 여성들만 세금을 더 추가적으로 지불하게 되는 불평등의 문제를 일부 시정한 것이라고 볼 수 있다.

세출 부분은 중앙과 지방, 부처별 혹은 사업별로 다양하게 검토되어왔다. 성 인지 예산을 중기 계획의 형태로 시행하는 몇몇 나라에서는 중앙의 전 부처의 예산에 대해서 분석을 시도하기도 하였으며, 이와 달리 한 사업을 깊이 분석하는 것이 더 효율적이라는 보고도 있었다.

성 인지 예산에서는 예산을 예산회계법 상의 장·관·항 식의 분류와는 다르게 성 인지적 관점에서 분류하여 성 특정적 예산, 성 평등적 예산, 일반 예산 등으로 나누기도 한다. 성 특정적 예산은 예산 사업이 여성 혹은 남성 등 특정 성을 대상으로 이루어지는 것을 말하며, 성 평등적 예산은 양성평등을 증진시키기 위해 직접적으로 사용되는 예산으로 분류되기도 한다. 일반 예산은 이러한 범주에 속하지 않는 대부분의 예산 사업으로 볼 수 있다. 예를 들면 우리나라에서 성 특정적 예산은 임산부 건진이나 출산휴가 여성인적자원개발 예산, 여성과학기술인 지원사업처럼 특정 성과 관련된 정책에 사용되는 예산이다. 성 평등적 예산은 남녀차별의 개선이나, 보육 예산, 고용평등관련 사업 예산처럼 양성평등의 촉진을 위해 직접 사용되는 예산이다. 일반 예산은 외관 상 특정 성이나 양성평등 정책과 무관해 보이는 국방, 교통, 환경, 과학기술, 사회복지 정책 일반에 사용되는 예산을 가리킨다.

부처분석 사례로는 2001년에 보건복지부가 용역사업으로 자체 예산을 분석한 보고서를 내었으며, 2003년에는 여성부가 시범사업으로 교육인적자원부, 노동부, 농림부 및 보건복지부 예산을 이 틀로 분석한 보고서를 낸 적이 있다.

성 인지적 예산이 관심을 두는 부분은 특별히 일반 예산의 범주에 속하는 예산과 사업들이다. 2005년 예산 구성을 보면 성 특정적 예산과 성평등적 예산은 전체 예산의 0.5% 미만이며 일반 예산이 99.5%를 차지하고 있는데, 이 99.5%에 해당하는 예산이 성평등과 관련하여 어떠한 효과를 내고 있는지는 아직 충분히 검증된 바가 없다. 따라서 일반 예산에 대한 성별 분석의 결과 여하에 따라서는 새로운 성 특정적 예산 사업이 만들어질 수도 있고, 또 새로운 성 평등적 예산 사업이 만들어 질 수도 있다.

그런데 이와 같은 3가지 범주는 장기적으로 성 인지적 예산의 변화를 거시적으로 분석하기 위한 틀로서는 유용해 보이나 각각의 범주에 해당하는 이상적인 예산의 몫을 설정할 수 없기 때문에 성 인지적 예산으로서 적절한가 그렇지 않은가의 판단기준으로 사용될 수는 없다는 점이다.

또한 우리나라의 경우, 여성정책 기본 계획이 이미 성 특정 예산과 성 형평 예산의 범주를 모두 담고 있으므로 양성평등정책 예산과 일반 예산이라는 두 가지 범주로 접근하는 것이 더 바람직하다. 이를 도해하면 다음의 그림과 같다.

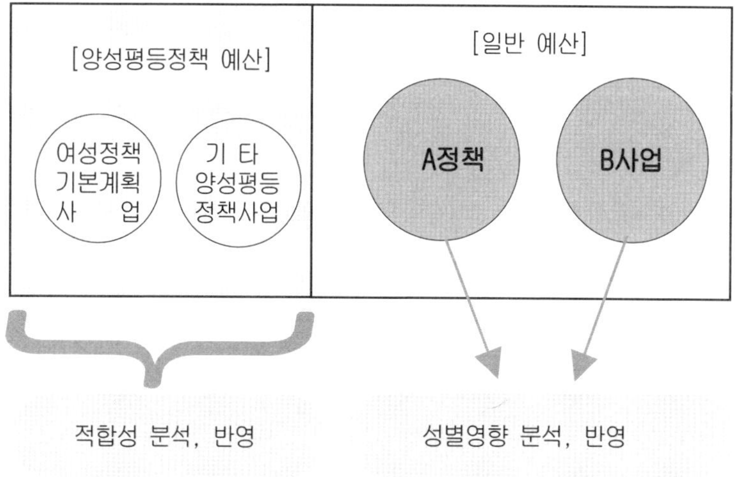

〈그림 2〉성 인지 예산 대상 범주

성 인지적 예산 분석의 도구

성 인지 예산과 관련된 각종 문헌에서 제시되는 성 인지적 예산 분석을 위한 도구들은 대체로 다음의 7가지로 나타나고 있다.3)

도구1(정책평가)   부문별 공공지출에 대한 성 인지적 정책 평가

---

3) 김경희 외(2003), 「성 인지적 예산분석 지침 수립방안연구」, 여성부 연구보고 2003－14 Bulender & Rhonda Sharp(1998) 밑의 책, European Women's Lobby(2004), Gender Budgeting in www.genderbudgets.org 등 참조. 각 문헌에서 나타난 도구들의 명칭을 이해를 돕기 위해 일부 의역하였다.

도구2(수급분석)   공공지출 수급에 대한 성별 분석
도구3(수혜자평가)   공공 서비스 전달과 예산 우선순위에 대한 성별
                     수혜자 평가
도구4(시간사용분석) 예산이 시간사용에 미친 영향에 대한 성별
                     분석
도구5(세금분석)   세금에 대한 성별분석
도구6(보고서)   성 인지 예산 보고서
도구7(중기재정계획) 성 인지적 중기 거시경제정책 틀

도구 1(정책평가)은 예산 사업의 성별 영향을 개괄적으로 평가
하는 방법이다. 특정 정책과 관련된 예산이 어떻게 성불평등을 감
소시키거나 증가시키는지에 주목한다. 특정 정책의 예산 구성, 예
산 사업의 내용, 예산 사업의 목표와 실제 집행 결과 사이의 괴리,
정책의 효과가 여성과 남성에게 미친 영향들을 분석한다. 이와 같
은 방법으로 분석한 국내 사례는 앞서 제시한 부처별 예산 분석과
여성단체에 의한 지방자치단체별 분석, 그리고 주제별 분석 등이
있다. 2004년도에는 한국여성장애인 연합의 여성장애인 정책과 예
산 분석, 한국여성민우회의 보육예산 분석, 그리고 전국여성농민
회 전북연합의 농촌 여성정책 분석 등이 시도되었다.

도구 2(수급 분석)는 공공 지출이 여성과 남성에게 각각 얼마만
큼 할당되는지 분석하는 것이다. 해당 서비스 사용 금액을 수혜자

여성, 남성의 수로 나누어 평균 비용을 산출하는 방식으로 성별 수급 현황과 추이를 분석하는 것이다. 이러한 방법을 통해서 시도된 것이 2003년 여성부 용역보고서 중 김경희(2003)의 연구이다. 김경희의 고용보험 직업능력개발 훈련사업분석 모형을 단순화하여 제시하면 아래와 같다.

A단계 : 고용보험 재직자 성별 비율 추출(예: 60 : 40)
B단계 : 훈련 참여 성별 비율 추출(예: 70 : 30)
C단계 : 고용보험 재직자 성별 비율에 따른 훈련 참여자수 조정
       70 : 30 ⟹ 60 : 40(남성 : 감소, 여성 : 증가)
D단계 : 조정에 따른 예산 재조정 요구

도구 3(수혜자 평가)은 여론조사나 태도 조사를 통해서 요구(need)나 개선 사항을 물어보는 방식이다. 현재의 공공 서비스 전달이 시민들의 요구를 얼마나 충족시키고 있는지 의견을 수집하고, 예산 편성에 반영하는 방식이다. 여성과 남성의 다른 요구와 우선순위가 있는지 살피는 것이 중요하다.

도구 4(시간사용 분석)는 가사, 양육, 기타 보살핌 노동을 드러내는 데 유용한 기법이다. 무급 노동이 갖는 거시경제적 의미를 밝히기 위해 정부 예산과 가구, 지역 사회 등에서 사용되는 시간

과의 관계를 분석하는 것이다. 무급노동의 화폐가치 환산, 시간사용조사, 가구총생산 위성계정 등이 이에 해당한다. 현재 통계청 자료는 여성부와의 지속적인 공동 작업을 통해서 성별 가사노동시간과 비율 등을 통해 조사 항목에 포함시켜왔다.

도구 5(세금분석)는 세금을 성별로 분석하는 방법으로 세입 정책에서 성별 불평등은 없는지 파악하고, 시정하기 위한 것이다. 우리나라의 경우, 생리대 부가가치세 면세가 이에 대한 최초의 시도이다.

도구 6(보고서)은 전체 공공지출과 부서별 지출이 가지고 있는 성별 불평등의 문제를 드러내기 위한 것으로 성 인지적 정책과 예산 집행에 대한 결과 보고서의 형태를 띨 수도 있고, 예산(안)에 대한 것일 수도 있다. 「국가재정법」에 의한 성 인지예산서와 성 인지결산서가 이에 해당한다.

도구 7(거시경제정책 틀)은 중기 거시경제정책 틀을 성 인지적 관점과 통합시킴으로서 경제 정책이 성별 효과를 고려하도록 하는 것이다. 우리나라의 경우, 2004년부터 기획예산처에 의해 중기 재정계획이 만들어지고 있지만, 이것은 아직 전체적인 성별 영향을 염두에 두고 있지 않다.

도구 1에서 5는 세입·세출 예산과 예산 사업에 대한 성별 분석 방법을 제시한 것이라면, 도구 6과 7은 이와는 성격을 달리한다.

정부가 연례적으로 예산 혹은 결산에 대한 성 인지적 분석과 중기적 경제경책계획이 미치는 성별 효과를 분석하여 보고서를 작성하는 것이므로 정책과 예산 사업에 대한 성 인지적 분석을 넘어서서 예산 과정에 성 인지적 관점을 통합시키기 위한 제도적 장치들이라고 볼 수 있다.4)

이러한 성 인지적 예산 분석은 예산단계마다 적용될 수 있다. 투입의 단계에서는 자원이 적절하게, 비례적으로 배분되었는지, 목적이 여성과 남성에게 동등하게 성취될 수 있는지, 집행의 단계에서는 여성과 남성 모두에게 동등하고도 적합하게 이루어지고 있는지, 산출의 단계에서는 여성과 남성에게 동등하게 관련되는지, 결과의 단계에서는 정책의 다른 목직만이 아니라 양성평등도 증진시키는지에 대해 평가하는 것이다. 5) 그런데 이러한 성 인지적 예산 분석 도구들이 자동적으로 예산을 변화시키는 것은 아니다. 예산이 양성평등 효과를 내도록 만들려면 이러한 분석과 분석의 결과들이 예산 과정 내에서 이루어지고 반영되어져야 한다. 이를 위해서는 별도의 제도적 장치들이 필요하게 된다.

---

4) 이외에도 영국 정부의 성 인지적 예산 보고 자료에서는 여성정책부서 예산과 역할 분석, 성별 정책 요구분석, 성별 성과지표 분석, 공공서비스의 동등 기회 수혜 분석 등 새로운 도구들도 제시하고 있다. HM Treasury & Dti, (2004), Gender flnalysis of Expenditure project—final report.

5) HM treasury & Dti(2004), Rhonda Sharp(2003), 앞의 책 참조.

예산 과정에의 성 인지적 관점의 통합

성 인지 예산은 개별사업의 수준에서 보면 예산 사업을 성별 분석하는 것이지만 제도의 수준에서는 예산과정에 성 인지적 관점을 통합하는 것이다. 따라서 이를 단계별로 접근하면 다음과 같다.

예산안 편성단계

예산안 편성 단계에서 요구되는 제도적 장치로는 성 인지적 예산편성지침과 실제적 편성을 내부적으로 검토하는 담당자에 관한 것이다. 예산안의 편성은 기획예산처의 「예산안편성지침」을 따르게 되어있는데, 「2007년도 예산안편성지침」 중 성 인지 예산안 편성관련내용은 다음과 같다.

「2007년도 예산안 편성지침 중」

7. 성 인지 예산안 작성 지침

 7-1 대상사업

  • 제2차 여성정책기본계획 추진사업

  • 성별영향평가 대상 사업

 7-2 작성방법

  • 각 중앙관서의 장은 2004년과 2005년에 성별영향평가를 받은 사업에 대해 그 결과를 반영하여 예산 요구

   (외부기관 지적사항 요약, 부처 검토의견 제시)

이는 여성정책 예산사업과 성별영향평가를 받은 사업을 성 인지 예산의 범주에 포함시키면서 성별영향평가를 받은 사업에 대하여는 그 평가결과를 반영하여 2007년도 예산안을 편성하라는 내용이다. 나아가 이러한 성 인지 예산편성을 보다 용이하게 전체적으로 집계하기 위하여 아래와 같이 DB 관리항목을 신설하였다.

〈성 인지 예산안 편성 DB 관리〉

예비 타당성 실시 여부	총사업비 관리대상		총액계상 예산사업	예산점검 관리대상	R&D사업		양성평등 정책예산 해당여부	성별영향 평가 해당여부
	총 사업비	사업 기간			해당 여부	출연 기관 코드		
							"○"	"○"

부처 내에서 성 인지 예산이 실제로 작동하게 하기 위해서는, 각 부처 여성정책책임관에게 기관 내 최종 역할과 책임을 부여하는 것을 고려할 수 있으며, 이것이 기획예산처로 수렴될 필요가 있다. 각 부처가 성 인지적 예산 사업을 내용적으로 마련하기 위해서는 현재 여성가족부가 전부처를 대상으로 실시하고 있는 성별 영향 평가 사업과 적극적으로 연결되는 것이 바람직하다.

예산안 심의단계

예산안 심의 단계에서는 각 상임위원회에서의 심사와 예산결산특별위원회에 대한 심사의 차원을 생각해 볼 수 있다. 상임위원회 심사단계에서는 앞의 분석도구를 활용하여 사업별 수준에서 분석되고, 질문될 필요가 있다. 예산결산특별위원회 차원에서는 성 인지 예산서를 검토해야 할 것이다. 이외에도 예산결산특별위원회에 여성 의원 참여가 보다 확대되고 또 예산안조정소위원회에 여성 의원들의 지속적 참여를 통해서 성 인지적 관점에서의 심의가 정착될 수 있다고 보여진다.[6]

집행 및 감사단계

성 인지적 감사(Gender Audit)는 논의의 초기에 성 인지적 예산과 동의어로 사용되기도 했다.[7] 감사원의 회계검사는 결산에 대한 확인으로 예산과정에서 보면 결산에 해당한다. 여기서는 국정감사를 중심으로 언급하고자 한다. 정부 정책에 대한 성 인지적 감사

---

6) 국회여성위원회와 여성의원들이 애쓴 결과, 2005년 최초로 예산안조정소위원회에 여성의원이 참여하게 되었다. 2006년 예산안 심의에 참여했던 여성위원으로는 열린우리당 장향숙 의원, 한나라당 이계경 의원, 민주노동당 이영순 의원이 있다. 아쉽게도 2007년 예산안조정위에는 여성위원이 한 명도 포함되지 않았다.

7) Swirski, Barbara(2002), "What is Gender Audit", Information on Equality and Social justice in Israel, in www.adva.org /genderbudgetsenglish.htm. Krug, Barbara, "Gender Audit: Whim or Voice", WIDE, Brussel, Belgium, in www. euro.org/wide/GM

는 예산의 성 인지적 집행을 감시, 감독할 수 있는 부분이다. 17대 여성 의원들은 각 상임위에서 여성정책관련 감사를 실시했으며, 민주노동당의 경우에는 당 차원에서 2004년 7월부터 준비기간을 거쳐 조직적으로 전 의원실에서 관련된 모든 상임위 국정감사에 성 인지적 국정감사를 포함시켰다.8) 이러한 시도는 기존에 여성의 제가 여성위원회, 여성 의원에 국한되었던 것을 국회 전반으로 넓히는 데 기여했다. 앞으로의 발전방향은 자체평가에서도 지적하였듯이 여성의제로 아직 크게 부각되지 않고 있는 조세, 산업 등의 정책 등에 대해 성 인지적 국정감사를 실시하거나 또는 중점의제를 중심으로 관련 상임위들에서 다면적으로 접근하는 방법 등을 생각해 볼 수 있다. 예를 들어 장애인 정책과 예산에 대한 성 인지적 감사리면, 여성위원회, 교육위원회, 보건복지위원회, 과학기술정보통신위원회, 환경노동위원회 등에서 집중적으로 동시에 다루어질 수 있을 것이다.

결산 단계

「국가재정법」에 근거하여 정부는 결산 보고에서 성 인지 결산서를 제출하여야 한다. 성 인지 결산서는 두 가지를 목표로 한다. 하나는 예산이 성별로 동등하게 수혜가 되었는가와 다른 하나는

---

8) 민주노동당 정책위원회(2004), 『여성과 함께 하는 국정감사』, 2004년 민주노동당 여성국감백서.

성차별 개선효과가 있었는지를 평가하는 것이다. 평가의 틀은 보고서를 내는 정부와 이를 검토하는 국회 모두에게 숙제이다.

남은 과제

성 인지 예산제도는 이제 시작이다. 그것이 실효성 있게 작용하려면 구체적으로 준비해야할 과제들이 적지 않다. 무엇보다도 제도적 수준에서 가장 큰 과제는 성과관리제도와의 연계이다. 성과관리제도는 예산 사용의 성별 효과와 이에 따른 예산의 편성을 중시하는 성 인지적 예산의 취지에서 볼 때, 주요한 제도로서 이를 보다 자세히 검토할 필요가 있다.

성과관리제도는 2004년 성과관리제도 시행지침이 마련되어 주요재정사업을 중심으로 부처 전반으로 확대하였으며, 해당 부처는 성과계획서를 제출하고 있다.9)

---

9) 기획예산처(2004), '성과관리제도 시행지침' 참조. 성과관리제도는 사업과 예산을 전략목표, 성과목표, 성과지표 체계로 재구성하고 있다. 성과지표는 성과목표의 달성 여부를 판단할 수 있는 측정항목들로, 계량 측정이 가능한 것은 정량지표를 설정하고, 만족도나 분석 의견 등 수치화가 곤란한 것은 정성지표로 표현한다. 성과지표의 종류에서는 예산, 인력의 투입물량을 나타내는 투입(input)지표, 사업 진행과정에서 사업 달성 정도나 산출물을 표시하는 과정(activity/process)지표, 사업 완료 후 1차적 산출물에 대한 산출(output)지표, 궁극적인 사업의 효과를 나타내는 결과(outcome)지표 등이 있다. 이 중 성과지표로서 가장 의미 있는 것은 결과지표이며, 투입지표는 사업 성과를 나타내는 것으로 보기 어렵다. 보육정책을 예로 들어 생각해 보면, 투입지표는 보육예산, 과정지표는 계획대비 집행율, 산출지표는 보육 아동 수 증가율, 보육 서비스 만족도, 결과지표는 보육수요 충족율로 볼 수 있다.

다음의 <표 1>은 정부의 성과지표에 대한 사례(시안)이다. 그런데 이 성과지표(시안)를 자세히 들여다보면 인적 통계를 수반하는 몇몇 사업의 경우, 성별분리자료나 성별분리통계가 가능한 사업임에도 불구하고 이것이 몰성적으로(gender-blind) 다루어지고 있다는 점이다. 이들 성과지표는 성별에 대한 정보를 포함하고 있지 않으며 따라서 성과가 성별로 어떻게 다르게 나타나는지 알 수 없다.

〈표 1〉 주요사업의 평가를 위한 지표 사례(시안)

부 처	사업명	성과목표	성과지표
환경부	▪천연가스자동차보급	▪자동차 공해개선	▪시내버스 배출가스 저감율 ▪천연가스자동차국민만족도
농림부	▪농지매매사업 ▪농지임대차사업 ▪농지교환분합사업	▪쌀전업농을 육성하여 쌀 생산유통의 중추로 육성	▪쌀전업농 생산비중 ▪3ha이상 농가증가율
농업 진흥청	▪축산기술 시험연구 ▪축산연구정보전산화	▪가축 유전자원 보전 및 형질전환을 통한 산업경쟁력 확보	▪가축개량 신기술의 효과성 향상도 ▪우량종축 정보 보급 실적
경찰청	▪자동차 면허관리 ▪운전 면허관리	▪양질의 신규면허 취득자 배출	▪면허취득후 6월 미만자의 교통사고율 ▪면허취득후 7월 미만자의 행정처분율

해양
경찰청
	▪ 수상레저면허시험
	  운영
	▪ 방범 2륜카 구입
	▪ 음주측정기 확보 및
	  정비
		▪ 효과적인 해상안전
		  관리체제 구축
			▪ 수상레저인구 10만
			  명당 안전사고 감
			  소율
			▪ 여객선·유도선의
			  안전관리 교육 및
			  점검실적
			▪ 해상교통 질서 확립
			  (음주운전 단속 건수)

산업
자원부
	▪ 외국인 투자유치
	▪ IKP1」 건립
		▪ GDP대비 외국인투
		  자 비중을 12년까
		  지 14% 수준 확대
			▪ 외국인 투자유치실적
			▪ 공장설립형 외국인
			  투자유치 실적

과학
기술부
	▪ 원자력실용화 연구
	  사업
		▪ 원자력핵심기술의
		  연구개발을 지원하
		  여 원자력 기술선
		  진국(G5)에 진입하
		  고 원자력 안전성
		  확보에 필요한 기
		  술기반확보
			▪ 기술료 실시계약 건
			  수 및 징수액
			▪ 시제품 개발건수
			▪ 실용화 사업에 따른
			  수입 대체 효과
			▪ 실용화 신청 기업수

복지부	▪ 보건의료연구개발
	▪ 보건산업기술이전
	▪ 보건산업해외박람회
		▪ 보건산업 경쟁력
		  제고
			▪ 신약 및 의료기기
			  개발건수
			▪ 기술이전 성사 건수
			▪ 수출상담 건수 및
			  계약액

정보
통신부
	▪ 대학IT교육여건개선
	▪ IT인력 저변확대
	▪ 고급연구인력양성
	▪ IT특성화기술교육
		▪ IT전문인력 양성	▪ SCM2」 배출인원
			▪ 고급IT인력배출인
			  원 및 지적재산권
			  건수
			▪ IT특성화기술인력
			  양성인원

특허청	▪ PCT 3」국제출원
	▪ 국제출원비용 지원
		▪ 해외에서의 지식재
		  산권 확보강화
			▪ PCT 국제출원건수
			▪ 국제출원비용 지원율
			▪ 국제출원비용지원
			  대비 해외등록건수

기상청	• 기상지진 기술개발 • 기상연구소 기관고유 사업	• 기상연구 역량강화	• 기상기술연구개발 성과 (논문게재) • 수치예보모델의 정확도
교육부	• 두뇌 한국 21 사업 (대학원 연구중심대학 육성)	• 창의적, 국제적 수준의 선진연구 인력양성	• SCI4」게재 논문수, 특허기상 기술연구 개발성과(논문게재) • 특허취득건수 • 지역대학 산업체 취업률
문화 관광부	• 우수게임 사전제작 지원 • 캐릭터 상품소재 개발지원 • 우수애니메이션 파일럿 프로그램 제작 지원	• 문화산업 창작 및 제작 활성화	• 지원작품 사용화율 • 지원작품 매출액

주) 성과목표는 좌측의 사업을 통해 달성하고자 하는 목표임.
   성과지표는 사업의 목표달성도를 평가하기 위한 지표임.
1) IKP (Invest Korea Plaza) : 외국인투자유치를 위한 창업보육 및 홍보를 위한 사무공간
2) SCM (Supply Chain Management) : 공급망 관리
3) PCT (Patent Cooperation Treaty) : 특허협력조약
4) SCI (Science Citation Indicator) : 과학분야 연구논문게재지수

성과지표가 성별로 구분되어 제시된다면 여성과 남성에게 예산이 어떻게 다른 결과를 보이는지 일차적으로 파악될 것이고, 이를 통해 세부적인 현안이 도출될 수 있다. 예를 들어 농림부 사업에서 쌀 전업농의 성별 비율이나, 정책이 지원하고 있는 3ha 이상의

농지를 보유하게 되는 농민의 성별 비율을 성과지표상 알 수 있다면, 현재 농업노동력 절반 이상을 차지하고 있는 여성 농민에 대한 정책을 예산 지원과 연계시켜 분석, 평가할 수 있게 될 것이다. 또는 정보통신부의 고급 IT 인력을 성별로 구분하여 보게 되면 정보화사업의 성별 영향을 알 수 있을 뿐 아니라 예산지원에 대한 일정한 평가를 할 수 있을 것이고, 교육인적자원부의 두뇌한국 21 사업에 있어서 성과지표를 성별로 구분하여 보게 되면 두뇌한국 21 사업의 예산이 성별로 어떤 결과를 나타내는지 파악됨으로서 성별 형평성을 위해 사업과 예산이 수정될 수도 있을 것이다.

이처럼 성과지표가 인적인 요소로 구성되는 사업과 관련해서는 성별 분리 정보나 자료를 통해서 각 사업의 예산이 성별에 어떠한 영향을 미치고 있는지를 알 수 있기 때문에 성과지표에 성별 변수를 첨가하는 것은 예산의 사용을 성 인지적으로 만드는데 일정한 효과를 담보할 수 있다. 성과지표에 성별 변수를 첨가함으로서 정책과 예산이 여성과 남성에게 얼마나 형평성 있게 전달되고 있는지, 양성평등에 얼마나 효율적으로 작용하고 있는지 분석과 평가가 시작될 수 있다는 점에서 반드시 필요하며, 이를 토대로 성 인지적 성과 보고서를 작성할 수 있을 것이다.

현재 성과계획과 성과결과보고는 정부 간에만 이루어지고 있지만, 2009 회계연도부터는 국회에도 제출된다. 성 인지적 관점이 통합된 성과관리제도가 국회에 제출되기를 기대해 본다.

세계의 성 인지 예산 제도

성 인지 예산은 국가 마다 다양한 형태로 진행되고 있다. 의회가 주도적인 경우, 정부가 주도적인 경우, 시민단체가 주도적인 경우, 그리고 다양한 형태의 혼합형이 존재한다. 여기서는 성 인지 예산을 위한 제도적 장치들을 가진 몇 개의 국가들의 사례를 간략히 소개하고자 한다.

국가가 주도하는 나라들의 특징은 예산관리부나 경제재정산업부 등 경제부처 주도하에 여성정책 담당부처가 협동작업을 하는 형태로 이루어지고 있다.

1. 필리핀

필리핀은 세계적으로 볼 때 성 인지예산을 위한 제도적 장치를 가장 많이 보유한 나라라고 볼 수 있다. 예산의 5% 범위까지 성 인지 정책에 할당하도록 하고 있으며, 정부 내 예산(안)의 편성과 결산 보고에서 성 인지적 관점의 통합을 제도화하고 있다.

필리핀은 예산관리부, 국가경제발전위원회 그리고 국가필리핀 여성역할위원회가 연합하여 중앙과 지방의 전 공공기관에 성 인지 정책과 예산편성에 대한 지침을 내려 보내고, 또한 이에 의거하여 각 기관의 성 인지 정책과 예산편성 계획 및 이행보고서를 받고 있다.[10] 필리핀에서 이것은 의무 사항은 아니지만 1995년 첫해에 19개의 공공기관이 계획서를 제출한 데 비해 점점 증가하여 2002년 예산안과 관련해서는 137개의 공공기관(약 40%)이 참여하고 있다.

필리핀에서 GAD(Gender and Development) 예산 정책의 발전과정을 보다 자세히 기술하면 다음과 같다. 1992년에 제정된 여성과 발전법(Women in Development and National Building Act: Republic Act

---

10) 2001년에는 문서번호 Joint Circular no. 2001−1. by Dep. of Budget and Management, National Economic and Development Authority, National Commission on the Role of Filipino Women. 문서제목 '기관의 프로그램, 활동, 프로젝트에 성 주류화 및 제도화를 이행하기 위한 지침(Guidelines to Implement Gender Mainstreaming and Institutionalization in the Existing Agency's programs, Activities and projects)'이 시행되었다.

7192)에서 GAD 예산조치가 처음으로 공식화되고, 1993년 라모스 대통령이 예산관리부(Department of Budget and Management: DBM)와 국가경제개발청(National Economic and Development Authority : NEDA)에 GAD 정책을 위한 예산 지원을 하도록 지시함으로 본격적으로 GAD 예산정책이 시작되었다. 이러한 조치를 구체화하기 위하여 1994년에 필리핀여성역할위원회(NCRFW)[11]와 예산관리부(DBM), 국가경제개발청(NEDA)이 Joint Memorandum Circle(JMC) No. 94-1을 만들어 성별(gender)을 정책계획과 예산안에 통합시키는 틀과 절차를 만들어서 중앙정부와 지방자치단체 및 공공기관에 제공해 왔다. 또한 1995년에는 예산법(General Appropriations Act; GAA) 제27조에서 모든 부서나 기관에 최소한 5%의 예산이 성별 이슈를 제기하는 데 설계된 프로젝트를 위해 할당할 것을 위임하고 또한 NCRFW로 하여금 점검과 보고를 하게 하는 근거를 두었다.

필리핀에서의 GAD 예산정책의 추진 절차는 다음의 그림과 같다.

---

11) National Commission on the Role of Filipino Women, 1975년에 설립되었으며 대통령 직속 기구의 성격을 가지고 있음.

〈그림 1〉 GAD 예산정책 추진 절차 및 시간표

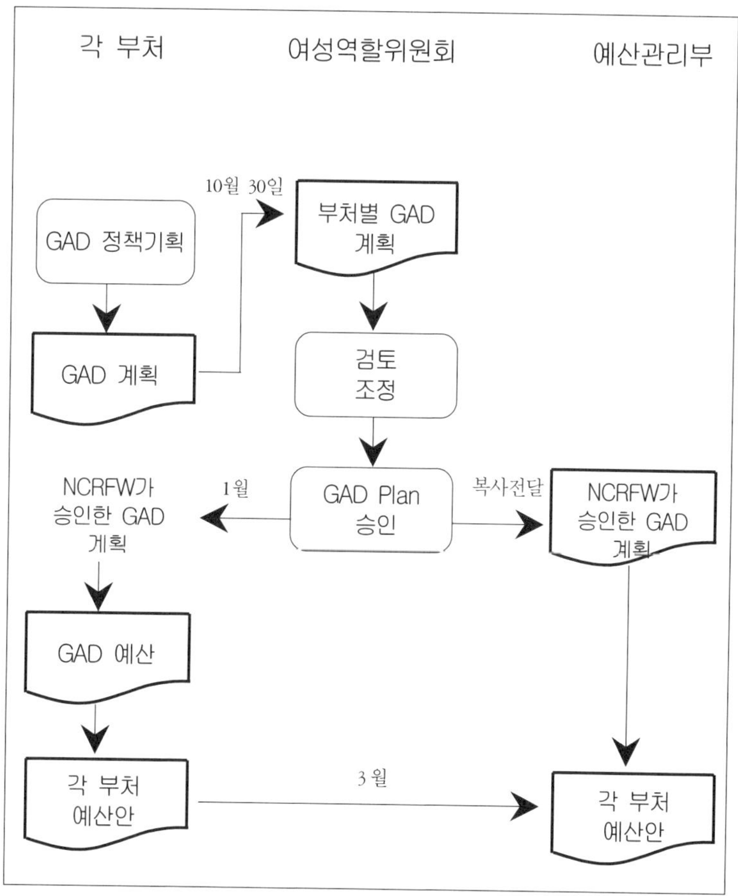

(DBM & NCRFW, 2002, 11, Gender Mainstreaming and Institutionalization in the Budgeting process 그림3 재인용)

Joint Memorandum Circle(JMC)에서 각 부처에 GAD 계획과 예산

안에 대한 가이드라인을 내려 보내면, 각 부처는 GAD 계획을 NCRFW에 제출하고 NCRFW는 이를 검토한 후 각 부처와 예산관리부에 보낸다. 이후 각 부처가 GAD 예산을 포함한 예산안을 예산관리부로 보내면 예산관리부는 NCRFW에서 받은 GAD 계획과 GAD 예산이 포함된 예산안을 검토하면서 우선순위 반영에 고려하게 된다. 여기서 NCRFW의 역할은 교육, 자료발간 등의 사업을 통해 GAD 계획과 예산안 편성을 위한 정책 환경을 조성하고, 각 부처와 기관이 GAD 계획과 예산을 구체적으로 세울 수 있도록 직접적으로 기술적인 지원을 한다. 또한 정책의 수행단계에서는 각 정부 조직의 GAD 정책 이행과 예산 사용을 점검하고, 결과에 대해서는 이행 보고서를 발간하고 있다.

2. 프랑스

프랑스는 2000년 재정법률[12]을 개정하였으며, 그 결과 국회에 제출하는 정부 예산안 부록으로 성별 분석 보고서(일명 Yellow Paper)를 제출하도록 조치하였다. 이것은 프랑스 의회에 의해 주도된 것으로, 1999년에 개정된 2000년도 재정법률 제 99−1172호 제132조는

---

12) 프랑스는 우리나라와 달리 예산안, 결산, 추가경정예산안이 모두 법률의 형태로 제출되고 심의, 의결된다.

'정부는 매년 재정법률 부록에서 여성 복지 지원에 관한 세출예산
을 표시하는 현황을 제출한다.'고 규정하고 있다.

부록으로 제출된 성별 분석 보고서는 프랑스 여성의 사회적 상태
와 관련 부처들의 사업과 예산에 대한 현황 분석 자료이며, 동 보고
서의 제출을 통해서 예산 지출과 양성평등과의 관계가 정례적이고
전체적으로 검토되기 시작했다고 볼 수 있다(OECD, 2001).[13]

2003년도 재정법률안과 함께 제출된 "여성 권리 향상 활동 관
련 예산보고서"의 구조를 간단히 소개하면 다음과 같다.

서문에서는 보고서의 목적이 남녀 불평등을 해소하기 위하여
필요한 활동의 재정지원에 관한 것임을 밝히면서 이를 통해 남
녀평등정책이 법적으로 약속된 활동으로 수행되고, 부처와 기구
간의 협력을 추진하는 조치들을 시행할 수 있게 되며, 시민들
또한 남녀평등의 관점으로 예산활동을 분석할 수 있게 됨을 설
명하고 있다. 또한 이러한 보고서가 현재 유럽연합이 공통적으
로 느끼고 있는 평등문제에 대한 예산 차원의 접근을 강화할 필
요성에도 부합되는 것임을 언급하고 있다. 본론격인 남녀평등의
실태부분에서는 정부가 하고 있는 정책 활동을 크게 정치, 경제,
여성인권 및 일상시간의 관리 등으로 나누어서 실태를 보여주
고 있다. 정치 분야에서는 정치참여, 공직, 노조, 단체 등에서 책

---

13) OECD(2001), tender perspective on budgeting, 22nd Annual Meeting of Senior
   Budgets officials, Paris, 21－22 May, 2001.

임자 위치에서 남녀평등 참여 상황, 경제 분야에서는 고용 평등, 실업문제, 경제발전에 여성의 공헌 등이 다루어지고, 여성 인권 분야에서는 피임, 낙태, 가정폭력, 성폭력, 성매매 및 인신매매와의 전쟁, 일상시간의 관리 분야에서는 남성과 여성의 시간사용 분석 및 시간 정책 그리고 보육 문제를 다루고 있다. 남녀평등을 위한 정부의 재정적 노력에서는 각 부처 및 기관의 2003년도 예산안을 보여주고, 관련 정책에 대한 설명을 담고 있다. 지역별 제안에서는 남녀평등을 위해 10개 지방의회에서 편성한 예산안과 정책내용을 간략히 보여주고 있다.

2003년도 재정법률안 "여성 권리 향상 활동 관련 예산보고서" 목차

서문

남녀평등의 실태

남녀평등을 위한 정부의 재정적 노력

    – 외교부

    – 사회노동연대부

    – 농업, 식량, 수산업 및 농촌산업부

    – 문화와 커뮤니케이션부

    – 국방부

    – 환경 및 지속가능발전부

    – 경제, 재정, 산업부

    – 교육부

    – 건설, 교통, 주택부

    – 민간항공통제국

    – 공공행정, 정부개혁 및 국토정비

    – 내무부, 국가안전 및 지역자유국

    – 법무부

    – 연구부

    – 체육부

지역별 제안

최근 주요 보고서

이외에도 경제재정산업부는 2001년 5월 파리에서 열린 OECD 22차 고위예산관료 정례회의에서 "2001년도 재정계획"에 대한 보고를 통해서 예산에 성 인지적 관점을 통합하고 있음을 보여주는 보고서 <A Gender perspective on Budgeting>을 제출하기도 했다.

3. 호주

호주의 경우는 1984년부터 성 인지 예산 분석이 담긴 <여성 예산 보고서(Women's Budget Statement)>를 발표해 왔다. 이는 정부 전체 예산이 여성에게 미치는 영향을 검토한 것이다. 1990년대 중반 이전 노동당 정권 집권 시기 동안에는 총리실 산하 여성지위청(OSW)에서 의회에 예산안을 제출하기 전 각 부처의 예산안을 성 인지적 관점에서 점검하는 업무를 수행해 왔다.[14] 1990년대 중반 이후 연방차원에서 일시적으로 중지되었으나, 개별 주 차원에서는 계속되었다. 일례로 2000/1 남호주주 예산보고서에는 부록으로 여성예산보고가 9면으로 수록되어 있으며, 북테리토리주는 Northen Territory in AU, Women in the Budget 2000/1를 발간했다.

현재 연방 차원에서는 가족서비스부 장관이 여성지위 관련 업무를 겸하면서 매년 3월 <여성 예산 보고서>를 발행하고, 5월 경

---

14) 호주의 여성지위청(OSW)은 2004년 10월 정부 조직 개편으로 총리실 산하에서 가족지역부(Department of Family and Community Service)로 이관되었다. 명칭도 여성청(Office of Women)으로 변경되었다.

의회에 제출한다. 단, 호주의 경우는 앞의 프랑스와 달리 예산안 상태의 보고서가 아니라, 의회에서 심의, 의결된 남녀평등과 관련된 전부처의 예산 보고서라는 점이다.

2005－6 회계연도 발간된 여성 예산보고서 "호주 정부는 여성을 위해 무엇을 하나?(What the Austrian Government is doing for Women?"는 정책 주제별로 예산과 사업의 내용을 전 부처에 걸쳐서 설명한 것이다. 보고서 구조는 다음과 같다.

2005－6 회계연도 여성 예산보고서 목차

새로운 정책
  가족지원, 개인세금, 돌봄 노동자 지원
  가족법, 복지개혁, 보건, 고령자 돌봄
  연금, 여성리더십개발
  여성 안전, 노동여성/여성과 기업
  원주민 여성과 주거

기존 정책
  여성과 가족, 돌봄 노동자, 여성 건강
  전쟁 상배여성 지원, 노동여성/여성과 기업
  여성, 매체, 정보통신기술
  여성과 연금
  원주민 여성지원, 농촌 여성 지원, 여성 노인 지원
  여성과 지도력, 여성과 안전, 교육, 여성인권, 이주

4. 영국

영국의 Women's Budget Group은 재무부에서 성 인지적 예산에
관련된 GO/ NGO 정기적인 회의를 열고, 회의의 결과로, 예비 예
산분석과 거시경제와 성 인지 예산에 관한 자료를 발행하고 있다.
재무부의 지출지침은 모든 정부 기관에 성별 영향을 포함한 주요
지출 효과를 검토할 것을 의무화하고 있다.[15] 이외에도 2004년에
는 재무부, 무역산업부, 고용연금부가 함께 해당 부처의 세출에 대
한 성별분석 보고서를 발간했다.[16]

5. 스웨덴

스웨덴은 매년 재정부가 정부 예산안의 여성과 남성의 경제적
자원배분에 대한 특별한 보고서를 만든다. 2002년 가을에는 전체
예산과정에 성별을 통합하기 위한 방법론과 도구를 개발할 목적
으로 하는 파일럿 프로젝트가 이루어졌다. 대상이 된 부서는 사회
복지부, 지역개발부 그리고 교통부이며, 이는 재정부와 성평등 부
서간의 협동의 결과이다.[17]

---

15) European women's lobby, 2004, 앞의 책.
16) HM Treasury, Dti and DWP, 2004.7, 앞의 책.
17) European women's lobby, 2004, 앞의 책.

6. 노르딕 5개국

노르딕 5개국(덴마크, 핀란드, 아이슬란드, 노르웨이, 스웨덴) 장
관회의는 2001년부터 2005년까지 성평등을 위한 협력행동계획에
서 성 인지적 예산에 우선 순위를 부여한 바 있다. 이에 따라 성
인지적 예산에 대한 노르딕 실무그룹이 만들어졌다. 노르딕 장관
회의의 결정으로 2004년부터 2006년까지 성 인지적 예산에 대한
프로젝트를 시행 중이다. 덴마크는 사회부에서 노인보살핌 정책
을, 핀란드는 보건사회부 전체 예산을, 아이슬란드는 사회부에서
장애수당프로그램을, 그리고 스웨덴은 정치영역 예산과정에 성 인
지적 관점 통합 문제를 다루었다.[18]

7. EU

EU는 성 인지적 예산에 특별한 관심을 가지고 있다. 2003년 5
월, '여성과 남성을 위한 평등기회 자문위원회'는 성 인지 예산에
관한 의견을 채택한 바 있다. 여기서는 거시경제와 재정정책에 성
인지 예산을 실행시키기 위한 적절한 방법론과 도구 확정, 유럽

---

18) in www.gender-budgets.org, Nordic Council of Ministers.

구조기금 지출에 대한 성별 평가, 유럽 예산 과정의 모든 부분에 성별영향평가, 국가 수준에서 성 인지적 예산 활동을 장려하기 위한 재정자원 할당 등이 제시되었다.[19] 나아가 2003년 6월 유럽의회 '여성인권과 평등기회위원회'도 성 인지 예산에 대한 개인 보고를 채택하고, 2004년 말까지 성 인지 예산에 대한 보고를 준비하기 위한 그룹을 신설할 계획을 세웠다.[20]

8. UNIFEM

UNIFEM은 성 인지 예산 1차 프로그램(2001~2004)에 이어 2005년부터 성 인지 예산 2차 프로그램을 진행하고 있다. 1차 프로그램은 아시아, 아프리카, 남미 등에서 20개국 이상이 성 인지 예산을 시작하는 계기를 제공하였다. 2차 프로그램은 벨기에 정부의 지원을 받은 4년짜리 프로그램으로 모로코, 세네갈, 모잠비크, 에콰도르에서 진행 중이다.

모로코의 경우, 2006 회계년도 정부예산에 성평등 문제에 관한 특별한 부록을 포함시켰다. 이는 2006년 재정법률안이 실린 경제재정보고서의 한 부분으로 들어갔다.

---

19) European Women's Lobby, 2004, 앞의 책.
20) European Women's Lobby, 2004, 앞의 책.

인도 역시 UNIFEM과 작업한 경우인데, 2003회계연도 연방예산에 성 인지 예산 보고가 포함되었으며, 2005년부터는 재정부가 앞서서 실행해 나가고 있다. 21개 정부부처에 성 인지 예산 셀(cell)이 세워졌고, 2005-2006 회계연도 예산에서는 18개 부처 예산의 검토가 이루어졌다.

이외에도 UNIFEM은 멕시코, 브라질, 케냐의 성 인지 예산 추진을 도왔다.

9. 기타

남아프리카 공화국은 1995년부터 5년간에 걸쳐 중앙 정부의 전 부처와 지방정부의 예산에 대한 성 인지적 분석보고서를 시리즈로 발간해왔다. 여기서는 전 부처의 예산이 여성과 남성에 미치는 영향을 분석했다. 그리고 아일랜드는 중기재정지출계획에 성별영향평가를 통합하고 있다.[21]

---

21) HM Treasury, Dti and DWP, 2004. 7, 앞의 책.

성별영향평가

정책과 사업의 성별영향평가는 성 인지 예산제도와 더불어 또 하나의 주요한 성 주류화의 도구다. 성별영향평가는 일반정책에서 나타나는 성차별적 영향을 제거하고 모든 정책이 성평등을 증진하는 방향에서 기획, 수행될 수 있도록 정책이 여성과 남성에게 미칠 영향을 검토하고 분석하는 것을 가리킨다.[1)]

성별영향평가 역시 성 인지 예산과 마찬가지로 1995년 유엔 세계여성대회에서 성 주류화 전략의 도구로 제시된 바 있다(북경 행

---

1) 김경희(2004), "성별영향분석평가의 도입과 적용방안", 국회 「입법정보」 제153호, 2004.12.17.

동강령 제79조). 성별영향평가는 유럽, 캐나다, 뉴질랜드, 그리고 일본에서 활발히 진행되고 있다. 우리나라도 2004년도에 시범사업을 거쳐서 2005년부터 본 사업을 진행하고 있다. 2004년도에 시범사업으로 진행된 성별영향평가 사업은 모두 10개 과제로 이루어졌는데, 이는 과학기술인력 양성정책이나 농업인력육성정책, 국가 암 관리정책, 재직자 직업훈련정책, 생활체육시설 지원사업, 문화기반시설 지원사업처럼 그 전에는 특별히 여성과 남성에게 미치는 효과를 구분하지 않고 집행해 왔던 정책이나 사업들에 대해 새로이 여성과 남성에게 미치는 영향을 분석하였다. 2005년도에는 총 85개의 과제가 분석대상으로 진행되어 37개의 중앙행정기관과 16개 광역자치단체가 기관자체평가를 실시하고, 이 중 8개 과제에 대하여서는 연구용역을 통한 심층분석이 진행되었다. 2006년에는 전국에서 295개 과제가 분석 중에 있다.[2] 그런데 성별영향평가는 현재와 같은 한 가지유형만은 아니다. 성별영향평가는 먼저 대상에 따라서 분류해 본다면 입법영향평가, 정책/사업영향평가 그리고 예산에 대한 영향평가로 나누어 볼 수 있으며, 시점에 따라 사전평가, 중간평가, 사후평가로 나누어 볼 수 있다. 정책/사업영향평가는 현재 여성가족부가 진행하고 있는 사업과 같은 것이고, 예산에 대한 영향평가는 아직 공론화된 모델이 없는 상태이다.

---

2) 여성가족부(2006), "2005년 성별영향평가 종합평가결과보고서", 2006.3.

성 인지적 입법영향평가

입법영향평가는 우리나라에서는 낯선 용어이지만 부분적으로는 국회 상임위원회 전문위원실에서 제출하는 검토보고서가 일부 그러한 성격을 초보적인 형태로 갖는 것으로 볼 수 있다. 정부의 성별영향평가결과 보고서 내용 중 관련법에 대한 간단한 평가가 시도된 경우도 있었다.3) 입법영향평가에 대한 외국의 사례는 다음과 같은 것들이 있다.

독일의 「노인지원구조법」 입법평가 사례는 사전평가로 성별영향평가가 부분적으로 통합된 것이다. 노인지원구조법안을 계획하는 단계에서 여성 노인과 남성 노인의 사회적 상황을 다르게 파악하고, 여성 노인이 처한 문제적 상황에 대해 주의를 기울였으며, 입법 계획이 남성과는 다른 여성 노인의 상태에 어떠한 영향을 미칠 것이라는 점이 사전에 고려되었다. 뿐만 아니라 대안이 실천되어질 사회경제적 맥락을 예측하는 시나리오의 전개과정에서 노인들과 여성들의 경제적 활동과의 관계가 변수로 채택되었다. (case 1)

입법에 대한 성별영향평가는 독일의 사례처럼 사전적으로 다루어질 수도 있고, 또 네덜란드처럼 사후평가로 개정과정에 영향을 미칠 수 있다. 네덜란드의 「유연화 및 보호법」 입법평가는 성별분

---

3) 여성부·보건복지부(2004), "국가 암관리 정책에 대한 성별영향분석평가", 2004.12. 연구보고 2004-28

리통계의 불충분으로 인해 실제로 여성과 남성의 고용효과를 보
다 상세하게 비교하는 데까지 나가지 못했지만 법 개정과정에서
성별영향평가를 시도하였다는 의미를 갖는다. (case 2)

CASE 1 독일의 「노인지원구조법」 입법평가사례[4]

□ 평가시점 : 사전 평가

□ 입법계획 : 연방 가족·노인·여성·청소년부

□ 입법계획 평가 결과

　○ 전체적으로 절차, 방법, 수단들에서 성별에 따른 관점이
　　　주요 고려 요인이 되어야 할 것으로 확인됨.

　○ 문제분석

　　　－ 부양의무자 숫자의 증가 가능성에서부터 여성노인의 특
　　　　별한 상황 등 12개의 문제 영역이 제시됨(적은 수입, 독
　　　　거 노인, 노령 외국계 여성문제).

　　　－ 남녀 성별 차이에 따른 삶의 상황 및 역할의 깊이가 존중
　　　　되어야 함이 인정됨.

　○ 목표분석

　　　－ 노인보호를 위한 목표체계의 전문적으로 정치적인 논의
　　　　가 필요함.

---

4) 신상환(2002), "독일의 입법과정상 입법평가적용의 구체적 사례분석 및 조망
　　을 통하여 본 한국입법평가의 발전과제", 법제처, 월간 『법제』, 제540호,
　　2002.12에서 성별영향평가와 관련된 부분만 발췌, 정리한 것이다.

○ 유용성 분석

- 규범대안 개발(대안 1,2,3)

- 시나리오 개발(보호노인대상 인구가 2040년까지 300만명 증가예측)

  ○시나리오 1 : 노인 보호 및 지원의 여건이 변화하지 않음을 가정.

  ○시나리오 2 : 부부와 가정의 변화가 노인보호에 영향을 끼친다는 가정
  (여성의 직업보유율이 일정하다는 전제 포함).

  ○시나리오 3 : 여성의 직업 보유율이 2020년까지 증가하다가 이후 감소
  가정(보살피는 자로의 여성을 전제).

  ○시나리오 4 : 직업과 노인보호 사이의 연계 강화, 이동 노인보호시설
  및 비공식적 지원의 확대 가정.

  - 시나리오 별 대안의 분석 및 검토.

○ 분석 평가 결과

  - 대안 2가 문제영역에 대한 최대의 목표 기여도 획득.

CASE 2 네덜란드의 「유연화 및 보호법」의 입법평가 사례

□ 평가시점 : 사후 평가

□ 주요 내용(Act on Flexibility and Security, 1999)

  ○취지 : 노동시장이 더욱 유연해져야 하는 동시에 피고용자에 대한
  적절한 수준의 보호가 유지되어야한다는 점.

  ○요지

    - 비정규직 고용 시 3번째 계약을 갱신할 때는 정규직으로 전환함.

    - 비정규직의 총 고용기간은 36개월을 초과할 수 없음.
    36개월 이후에는 정규직으로 전환함 등.

□ 성별영향평가

1 현단계 상황 기술

- 전체 유연 노동자의 55%가 여성, call 노동자의 71% 및 대체노동
  자의 69%가 여성(1999년).
- 노동시간과 임금 격차, 시간 통제에서의 차이.

2 제기된 정책 이전 추세

- 유연 노동 계약이 1997년에 40만건, 1998년에 60만건, 1999년에
  57만건으로 대체로 증가 추세.

3 제기된 정책 분석

- 기업이 필요한 유연성과 노동자의 보호를 어떻게 조화시킬 것인가?
- 개혁적 고용 패턴에서 답을 찾고자 함.
- 여성고용의 증가와 맞벌이 부부의 증가 등 노동자의 상태와 회사
  의 상태에 적합한 유연화의 조건을 찾기.

4 정책의 잠재적 효과

- 1999년 법이 발효되기 전, 많은 수의 비정규직 노동자가 해고됨
  (고용자들이 비정규직의 정규직화를 최소화하기 위해).
- 법 도입 3개월 후, 45,000명의 비정규직 노동자가 불이익을 당한
  반면, 80,000명이 혜택을 봄.
- 그러나 비용/효과가 여성과 남성에게 어떻게 다르게 나타났는지는
  불확실함.

5 정책의 성별 영향
- 비정규직 노동자는 직업훈련, 교육 등에서 정규직보다 낮은 점수
  를 나타내고, 조직화되기도 어려움. 따라서 이러한 피고용자 집단에
  대한 권리를 증가시키는 것은 중요함.

6 간접 영향
- 내부/외부 유연화와 관련된 변화.

7 평가 : 재설계를 위한 요구
- 여성들이 유연 노동에 과대 대표되어 있기 때문에, 유연노동자의
  권리의 증대는 노동시장에서의 성 불평등을 감소시키게 됨.
- 성별 친화적인 유연 노동 환경을 위해서는 참여와 상담이 매우 중
  요한 전제 조건이 됨.

정책과 사업의 성별영향평가

정책과 사업의 성별영향평가는 2004년 시범사업이래로 조금씩
구체적인 진전이 있다. 성별영향평가의 방법을 보다 구체적으로
알고 싶다면 다음의 지침이 참고가 될 듯싶다. 성별영향평가를 위
해 던져지는 질문은 다음의 예와 같다.

【표 1】 정책의 성별영향평가

정책단계	지 표
① 정부의 양성평등 구현을 위한 정책 방향을 알고 있는가? - 동 정책과 관련한 여성과 남성의 요구를 고려하고 있는가?
② 계획서 등에 성 인지적 통계를 사용하고 있는가? - 성 인지적 통계가 없는 경우 이를 생산하였는가, 또는 생산할 계획인가?
1 정책 입안 및 결정	③ 동 정책의 서비스 혹은 재원이 - 양성에게 균등하게 전달될 것인가? - 만약 성별 격차가 존재한다면 이를 해결하기 위한 대안을 마련 (예산 편성 포함)을 편성하였는가?
	④ 동 정책의 가치나 이념이 성역할 고정관념의 극복 등에 기여하는가?
2 정책 집행	⑤ 현재 동 정책의 추진과정에서 서비스나 재원이 - 양성에게 균등하게 전달되고 있는가? - 이를 입증할만한 성 인지적 통계자료가 구비되었는가?
	⑥ 동 정책에 대한 만족도가 성별에 따라 차이를 나타내는지 확인하 였는가?
	⑦ 동 정책이 성역할 고정관념의 변화 등에 긍정적인 영향을 가져왔 는가?
3 정책 집행 후	⑧ 동 정책의 집행 성과가 양성 모두에게 긍정적(혹은 부정적) 영향 을 가져왔는가? - 수혜도의 성별 격차가 존재한다면 향후 이를 해소하기 위한 대안 을 마련(예산 편성 포함)할 것인가?
	⑨ 성별요소를 포함한 정책의 집행 성과를 정책 대상 집단 또는 일 반 국민(주민)에 전달하였는가?

평가의 지표들은 더 구체화될 필요가 있는데, 유럽연합에서 발
간된 GIA 안내서도 도움이 될 것 같다.5)(표 2) 평가를 위한 두 가
지의 질문은 단순해 보이지만 하나의 질문에 포함된 요소들은 다
양하며, 주제에 따라 각각의 요소들이 다양하게 혼합될 수 있다.

【표 2】 성별영향평가 평가 기준

1. 성별 차이는?
 * 참여 : 성별구성, 의사결정 지위의 성별 대표성
 * 자원 : 시간, 공간, 정보, 자금, 권력, 교육, 훈련. 신기술, 주거, 교통,
        여가와 같은 핵심적 자원의 배분
 * 규범과 가치 : 성역할, 성별분업, 여성성. 남성성에 미치는 영향
 * 권리 : 성차별, 인권에 속하는 문제

2. 정책이 기존의 불평등의 제거와 평등의 증진에 얼마나 기여
할 수 있는가?
 * 참여율,
 * 공/사영역에서 자원, 수혜, 책임, 과제의 배분,
 * 여성/남성, 여성적/남성적 특성, 행동 우선순위에 따른 가치와 태도

지금까지 우리 사회에서 진행되고 있는 성별영향평가는 대체로

---

5) European Commission of employment and social affair), 『A Guide to Gender Impact
   Assessment』 in http://europa.eu.int/comm/employment−social

당해연도에 진행 중인 사업에 대한 중간평가적 성격을 띠며, 정책/
사업 영향평가들이다. 이 평가사업이 발전하기 위해서는 다양한
차원의 성별영향평가가 필요한 동시에 평가를 통한 결과가 어떻
게 활용되는가에 있다. 이것이 잘 관리되면 성평등에 효율적으로
작용하겠지만, 형식적인 수행에 그친다면 단지 보고용에 그칠 가
능성도 없지 않다.

때문에 중요한 것은 정책 환류이다. 한 가지 경로는 2007년도
예산안편성지침에 의해 성 인지예산안에서 관리되는 DB를 분석,
평가함으로서 가능할 것이다. 또 다른 경로는 성별영향평가 대상
사업의 효과를 종적으로 분석하여 변화를 추적하고 수정, 보완 또
는 완료를 명확히 평가해 주는 접근을 통해서 성별영향평가사업
결과가 단지 보고서에 그치지 않게 하는 노력 또한 필요하다. 성
공여부는 지속적 평가와 방법론 개발에 달려있다고 본다.

성 인지적 지역 거버넌스 구축하기

성 인지 정책이 실효를 거두기 위해서는 지역의 정치와 정책이 이를 어떻게 구현해 내는가가 관건이다. 우리나라의 지방자치제도는 1995년에 도입되어 이제 막 10년을 넘긴 초기 상태여서 아직 그 기반이 단단하다고 볼 수 는 없다. 지역에서 성 인지적 정책의 요구는 2001년경이다. 정책의 성 평등 효과를 고민하면서 지역의 여성 시민단체들이 지역 사회의 여성정책 예산을 분석하기 시작했고 점점 더 여러 단체들이 다양한 지역에서 예산분석을 시도해 왔다. 지난 5,6년의 경험을 바탕으로 지역의 예산 분석 활동은 개별 단체에 의한 여성정책 예산 분석을 넘어서서 지역 내 시민단체가 연대하고 지방의회 의원들이 결합하여 예산을 중심으로 정책을 분석하고 대안을 제시하며, 나아가 의회를 통해 실현해내는 새로운 형태의 성 인지 지역 거버넌스 모델로 발전 중에 있다.

지역 여성정책 예산분석의 성과와 한계

2001년부터 시도된 지역 여성정책 예산분석활동은 시도부터 커다란 의미를 지니는 것이었다. 중앙의 정책 기조와 방향이 아무리 성 인지적이어도 광역과 기초 자치단체에서 이를 실현해내지 못하면 소용이 없기 때문이다. 가장 큰 의미는 지역 주민의 삶의 터전인 지역 사회에서 여성정책에 대한 관심을 실질적으로 제고시키고 있는 점일 것이다. 성 인지적 관점에서 지역 사회의 사업을 하나하나 점검해 나감으로서 여성정책의 목표와 방향이 지역 거버넌스의 주체들에게―시민, 활동가, 공무원, 의원 등―점차 명료해지는 과정을 거치게 된다. 가장 대표적인 사례로는 2002년도 K도 K시의 꽃아가씨 선발대회를 폐지시킨 것이다.[6] 시민의 세금을 가지고 여성의 외모를 상품화하는 행사를 지원하는 것이 잘못되었음을 바로 잡게 된 좋은 사례이다. 또한 푸드뱅크 사업이나 김치담그기 사업도 불우이웃을 돕는 의미 있는 사업이지만 여성정책은 아님을 분명히 하는 계기도 되었다. 이외에도 성평등과 관련

---

6) 한국여성민우회(2003), 「젠더 · 예산 · 여성운동」.

된 사업 예산을 증액시키거나, 여성발전기금의 증액을 통해 여성
정책의 재정적 기반을 확대하는데 기여하는 경우도 있었다.

또한 지역의 여성정책과 관련하여 조례와 기본계획 등에 대한
전반적인 점검을 통해서 지역 여성정책의 제도적 기반을 개선시
키는데 기여하고 또 장기적으로 지역의 성 인지적 정책을 활성화
를 위해서 정책과 사업의 성별분리통계자료가 부재한 문제를 지
속적으로 제기해 왔다. 이와 같은 문제의식이 확산된 결과 서울시
에서는 조례 제6조를 통하여 "…여성정책의 수립 및 시행을 위하
여, 시와 소속기관에서 조사, 관리하는 각종 통계 및 자료에 성별
을 구분하여 표기하도록 하여야 한다"는 진일보한 내용을 규정할
수 있게 되었다. 이외에도 여러 조례에서 이러한 내용을 발견할
수 있다. 사회경제통계만이 아니라 정부가 생산하는 정책과 예산
의 기획, 수행, 결과와 같은 자료들에 모두 성별 정보가 담길 수
있다면 정책의 성평등 효과를 분석해내는 일은 보다 가까워질 것
이다.

이러한 예산분석활동 과정은 무엇보다도 지역의 시민단체들과
의원 그리고 담당공무원들 간에는 여성정책을 중심에 놓은 새로
운 의사소통의 경험을 갖게 만들었다.

그러나 시민단체의 지역활동 차원에서의 접근은 학계나 정책
연구자들의 체계적인 연구와 방법론 개발에 의한 지속적인 지원
이 없는 상태에서 정부 프로젝트의 형태로 시도되었기 때문에 많

은 어려움을 겪었던 것이 사실이다. 분석의 영역 역시 여성정책 예산 사업에만 국한되어 99% 이상의 일반 사업에 대한 성별분석은 접근하기가 어려웠다. 따라서 성 인지적 예산분석으로의 성장은 시간과 노력을 더 필요로 하였다. 인적 자원의 부족, 방법론적 뒷받침의 한계, 예산에 대한 성별분석 훈련의 한계, 개별 시민단체의 활동차원에서의 분석 등 열악한 조건에서 이루어졌고, 초기에는 정부 자료접근 조차도 용이하지 않아 공무원들의 거부와 저항을 설득하는 과정 역시 쉽지 않았었다.

지역 성 인지 예산분석활동에 대한 새로운 시도

일부 지역에서 이미 달성하고 있는 바처럼 앞으로 지역에서의 여성정책 예산분석활동은 여성정책만이 아니라 일반정책까지도 그 대상 범주로 하는 성 인지 예산분석활동으로 확대되어야 하고, 기존의 경험을 재정비하되 주요 예산 사업을 중심으로 분석하고, 예산사업의 점검 및 대안을 제시하고, 조례, 담당부서 R & D, 통계 등 성 인지 예산분석이 보다 원활하게 진행될 수 있는 인프라 강화를 제안할 필요가 있다. 이를 위해서는 공급자적 시각에서 수요자의 시각으로, 투입 중심에서 성과 중심으로 초점을 이동시키는 새로운 접근이 시도될 필요가 있다. 새로운 시도는 기존의 경험을 연계시키는 차원에서 다음과 같이 정리될 수 있다.

STEP1 지역 기초자료의 정리

- 지역 여성과 남성의 사회, 경제, 가족 관련 상태비교
- 지역 예산 구성 및 여성정책 예산 비중
- 지역 여성정책 개요 및 성별영향평가 사업 여부
- 지역 현안 목록

STEP2 분석 대상 사업 선정

- 여성정책 사업 중에서 주요 현안들
- 일반정책 사업 중에서 여성의 불평등 문제를 보여주는 현안들

STEP3 분석틀에 따른 자료의 수집

아래 표는 성 인지 예산분석의 컨설턴트로 유명한 세계 3대 성 인지 예산 활동가 중 한사람인 데비 버들랜더(Debbie Budlender) 등에 의해 최근 정리된 것이다. 예산의 투입—집행—산출—성과분석을 기본틀로 하는 성과주의 예산의 틀과 성 인지 예산 분석을 결합시킨 것이라고 볼 수 있다. 성 인지적 성과주의 예산분석은 2003년에 이미 론다 샤프(Rhonda Sharp)에 의해 유엔 여성발전기금(UNIFEM) 보고서에 제안된 바 있다. 아래에서 제시된 분석틀에 맞추어 자료의 수집을 준비한다.

<성인지예산 5단계 분석틀 >*

단 계	예산 용어	자료화
문제와 관련된 남녀 상황 기술	상황 또는 요구(need) 분석	상황기술
정책의 성인지성 확인 (1단계에서 기술한 상황을 정책이 제기하고 있는지)	정책확인 - 집행	과거의 성과
예산의 적절성 확인 (적절한 예산이 성인지정책 실행에 할당되고 있는지)	자원할당 - 투입	예산 수치
예산 집행 확인 (지출이 계획된 대로 이루어지고 있는지)	점 검 - 산출	목표 & 전달지표
정책 및 집행 영향 검토 (의도된 대로 성평등을 증진시키고 있는지)	평 가 - 성과 또는 영향	목표 & 상황기술

* Debbie Budlender, Celia Reyes, Marta Melesse(2005),
"Gender-Responsive Budgeting through the CBMS Lens" in www.gender-budgets.org

STEP4 분석

여성정책 사업의 경우에는 성평등 목표에 적합한지를 따지는 목표적합성과 예산의 적절성이 될 것이고, 일반정책은 관련된 성별문제와 성별 투입, 성별 영향 및 성별 기대효과가 될 것이다.

STEP5 결과의 정리

분석결과를 정리하고 더불어 자료수집과 분석이 앞으로 발전되기 위한 성 인지 정책의 인프라와 관련된 문제점도 정리한다. 예를 들면 성별분리통계자료의 부족, 성별영향평가 사업의 필요성, R & D 의 필요성, 지방 예산안 편성 원칙, 조례 관련 사항도 점검한다.

STEP6 대안제시

분석결과에 기초한 대안 예산과 대안 사업을 제시하고, 성 인지 정책 분석의 인프라와 관련된 문제의 대안도 제기한다.

성 인지 지역 거버넌스 구축의 필요성

지역에서의 성 인지 예산 분석활동은 지역 거버넌스의 틀에서 이루어질 때 더 효과적이다. 거버넌스라는 용어는 학문의 영역마다 다소 다르게 쓰이나 정치학에서는 상향식 참여의 의미를 강하게 띠는 정책형성과 수행을 가리킨다고 볼 수 있다. 그래서 혹자는 이를 협치라고 번역하기도 한다. 지역 거버넌스의 기본적인 주체는 시민사회와 의회 그리고 지방정부이며, 시민사회에는 시민단체와 개인, 학자 등으로 또 나누어 볼 수 있겠다.

국제 사회에서는 오래전부터 좋은 거버넌스(Good Governance)를 추구해 왔으며, 앞서 다루었던 성 인지 예산 조치는 이러한 좋은 거버넌스의 일환이다. 좋은 거버넌스가 추구하는 가치는 참여와 투명성, 책임감과 효율성, 성과와 형평성으로 기존의 공급자 중심의 하향식 통치 방식은 극복의 대상이 된다. 참여와 공개를 통해 정책과 예산집행의 투명성을 높이고, 정부는 정책의 책임감과 효율성을 제고하는 동시에 정책 수요자의 입장을 가장 일차적으로 고려하기 위해 성과와 형평성을 정책의 원칙으로 채택하는 것이다.

우리나라의 경우도 중앙정부의 차원에서는 1999년부터 정책과 예산의 성과관리제도로의 전환을 준비해왔다. 2006년 국가재정법의 제정으로 법제화했으며, 정보 공개, 시민사회의 참여, 정책 역량제고를 통한 책임감과 효율성 제고의 문제는 이미 인식되고 그 실천이 시작되어 왔다. 그러나 이러한 거버넌스의 확산이 자동적으로 성 인지 거버넌스를 만들어주는 것은 아니다. 성 인지적 관점은 늘 새로운 제도와의 통합의 노력을 기울여야 하는 것이 아직 우리의 단계이다.

잠시 외국의 경험에 눈을 돌려 보면, 성 인지 지역 거버넌스를 그려볼 수 있는 좋은 사례들이 있다. 최근 개발도상국을 중심으로 CBMS(Community-Based Monitoring System) 구축이 전개되고 있는데, 이는 지역 사회 운동의 일환으로 지역단위의 정책점검체계이다. 시민단체들의 운동적 차원에서 일시적으로 정책에 대한 분석의견을 내어 놓는 단계를 넘어서서 지방정책을 지속적으로 모니터하고, 지방정부, 의사결정자, 기타 정책 행위자들이 쉽게 이해할 수

있는 규칙적으로 신뢰할 수 있는 지역의 자료를 제공하는 역할을
한다.

캐나다의 대안정책센터(CCPA: Canadian Center for Policy Alternativ
e)7)의 경우에는 훨씬 오래전부터 성 인지 거버넌스의 주체로 탁월
한 역할을 수행해 왔다. 이 센터는 예산분석과 대안예산을 생산해
내는 시민사회의 비영리 대안정책연구소로 1980년대 창설되어 회
원 10,000명 이상이 참여하고 있다. 중앙연구소는 오타와(Ottawa)에
있으며, 지방연구소는 브리티쉬 컬럼비아 등 5개 지역에 있다. 이들
의 활동방식은 전체 정책을 대상으로 하며, 중앙연구소는 연방예산
을, 지방연구소는 지역 예산을 분석하여, 대안 재정과 대안 사업 예
산을 제시한다. 성평등과 관련된 주제는 때로는 전체 정책 분석에
포함되기도 하고, 때로는 그 해의 주제가 되어 보다 집중적으로 다
루어지기도 한다. 2005년 브리티쉬 콜럼비아 지역 대안 예산은 "여
성의 평등을 위한 예산 Budgets for Women's Equality"였다.

이제 그 동안의 경험을 기반으로 한국형 CBMS를 구상할 수 있
는 단계가 되었다고 본다. 이것은 성 인지적 지역 거버넌스를 실
지로 가능하게 하는 인프라가 될 것이다. 지역의 여성시민단체들,
관심 있는 지역 의원 그리고 각 분야의 정책 연구자들이 성 인지
적인 지역정책을 위해 지속적이고 체계적으로 만나지고 대안을

---

7) www.policyalternatives.ca

생산해 낼 수 있는 가칭 "대안 성 인지 정책센터"를 꿈꾸어 본다.

성 인지, 젠더, 성별 — 혼돈에서 길 찾기

성 인지(Gender Sensitive) 정책은 여성정책의 확장이자 성 주류화 전략에 의한 새로운 버전이다. 그런데 지금까지 잘 따라 온 독자도 막상 성 인지 정책이 구체적으로 무엇을 뜻하는 것인지를 설명하고자 할 때는 막막할 수 있다. 이는 "성 인지(gender sensitive)"에서 젠더가 함의하는 바가 단순하지 않으며, 여성주의 철학적 개념으로 시작된 젠더가 정책이라는 장에서 사용될 때에 일정한 간극이 발생하기 때문이다.

"성 인지"는 사실상 방법론적 접근을 가리킨다. 여성발전기본법에서 "성 인지"는 "특정 성별에게 불평등이 발생하지 아니하도록 여성과 남성에게 미치는 영향을 인식·반영하는”으로 설명되어 있다. 이는 다른 말로 하면 “성 인지”란 성별 간의 차이, 차별, 불평등의 문제에 주목하고 이를 시정하려고 하는 취지에서 접근하는 방법론적 개념인 것이다. 법문에서 표현된 성별, 불평등, 영향 역시 정책적으로는 다시 하위개념으로 정돈될 필요가 있는 것들이며, 그 자체로 내용을 보여주는 것은 아니다.

그런데 여기서 우리는 “성 인지”를 설명하는 과정에서 “젠더(gender)”와 “성별” 이 다른 의미를 갖는다는 점에 주목할 필요가 있다. 이 부분을 명료화하는 것이 성 인지 정책에 대한 개념상의 혼돈을 피하는데 도움이 된다고 본다. 성 인지에서 성은 gender를 번역한 것이다. 그런데 gender에 부합하는 용어가 우리 사회에서 존재하지 않아왔기 때문에 젠더는 항상 특별한 설명을 요구받는다.

성 주류화 정책의 구심점 역할을 해 온 UN의 정의에 따르면 젠더란 다음과 같이 이해된다.

> “여성됨, 남성됨과 관련된 사회적 태도와 기회 그리고 여성간, 남성간, 여성과 남성간의 관계를 언급하는 것으로, 이러한 태도, 기회, 관계들은 사회적으로 구성된 것이며, 사회화 과정을 통하여 학습되고, 맥락적이며, 시간—특수적이고, 변화가능한 것이다. (…) 젠더는 계급, 인종, 빈곤, 민족문제, 연령 등과 함께 더 넓은 사회문화적 맥락의 한 부분이며, 중요한 비판기준(Criteria)이다”[8]

"젠더"는 다양한 논자들에 의하여 지속적으로 다루어지고 있는 핵심 개념이다. 젠더 개념은 때로는 두 성 간의 인지된 차이에 근거하는 사회적 관계로 설명되기도 하고, 권력관계를 증명하는 주된 방법이자 권력관계의 산물로 묘사되기도 하며, 젠더가 사회제도로 형상화하기도 한다.9) 표현은 각기 다르지만 공통된 함의는 사회구성성과 차별을 둘러 싼 정치성에 있다. 이러한 두 가지 요소를 기본으로 젠더는 다양한 형상으로 묘사되어져 왔고, 지금도 계속되고 있다.

그럼에도 불구하고 정책의 장에서 젠더는 규격화된 정의를 필요로 한다는 점이다. 정책이 입안되고 수행되는 과정은 여성주의적 인식공동체에서 끊임없이 검토되는 것과는 다르게 보편적으로 사용되는 개념이나 용어에 기초할 필요가 있기 때문이다. 따라서 다소 화석화의 위험을 안고 있다고 하더라도 젠더는 보편적으로 받아들일 수 있는 쉬운 정의를 요구받는다는 점이다. 이러한 정책 영역의 특수성 때문에 젠더는 상대적으로 익숙한 "성별"로 번역되어져 사용되어져 왔다. 그런데 문제는 이러한 과정에서 젠더가 성별로 축소되게 된다는 것이다. 이 때문에 정책의 분석이나 새로운 통계의 마련에서 풍부하게 접근되어야 할 사회정치적 개념으로서

---

8) UN OSAGI(Office of the Special Adviser on Gender Issues and Advancement of Women), 2006.6.7 검색.
9) 김경희(2006), "성 주류화의 정책 전환적 성격과 함정: 성별영향평가를 중심으로", 한국여성학회 춘계학술대회 자료집, 2006.6.9

의 젠더가 단지 여성과 남성의 수를 비교하는 성별 변수의 수준으로 탈정치화되고 있다는 비판에 직면하곤 했다.

우리말에서 성별은 남녀별을 뜻한다. 이러한 인식은 견고한 것이어서 여기에 사회구성적 맥락과 정치적 함의를 덧붙인다고 해서 인식이 갑자기 달라지리라 기대하기는 어렵다. "성 인지적"이라는 용어는 그 동안 우리의 언어의식체계에 없었기 때문에 새롭게 정의를 내리면서 확대 사용을 통하여 그 의미가 공유되는 것이 가능했지만, "성별"은 그러기에는 너무 견고하다. 사회정치적 함의를 담은 젠더를 성별이라는 용어에 담기에는 무리가 아닐까 싶다. 양자는 분리되어야 하고, 사회정치적 함의를 담는 젠더는 젠더로, 성별은 성별로 쓰여야만 인식의 혼란을 피할 수 있지 않을까 싶다.

"성별"은 "성 인지"를 구체화하는 하나의 방법이라고도 볼 수 있다. 이런 어법이라면 성별영향평가는 결국 성 인지적 영향평가까지 나아갈 수 있도록 그 방법론을 개선, 정비할 필요가 있으며, 통계청과 여성가족부가 협조하여 진행하는 성별분리통계 사업 역시 성 인지적 통계가 생산될 수 있도록 보다 큰 틀에서 짚어 볼 필요가 있다. 어쩌면 성별영향평가는 젠더영향평가로, 성별분리통계는 젠더통계로, 성별분석은 젠더 분석으로 그대로 남아야 할지도 모르겠다.

성 주류화 정책이 국내 정책의 아젠다로 공감을 얻는데도 약 10여년의 세월이 흘렀다. 1995년에 세계 여성정책 아젠다로 거론되었던 성 주류화―성 인지적 관점의 통합은 우리 사회에서 2000년을 전후하여 정책영역에서 관심을 받기 시작했고, 2005년을 경과하면서 성별영향평가 사업으로, 성별분리통계 사업으로, 성 인지 예산으로 그리고 성 인지 교육으로 구체화되고, 성평등의 새로운 전략으로 이제 본격적인 출발을 하고 있다. 성 인지적 관점을 통합하는 주류화가 정책전환적 성격을 갖는 만큼(김경희, 2006), 기존의 정책 관성을 뛰어 넘는 새로운 시도를 격려하고, 칭찬해 줄 필요가 있다. 새로운 정책이 안착되어 그 효과를 내기 위해서는 이처럼 시간을 필요로 하기 때문이다. 이 과정에서 성 인지 개념, 젠더 개념, 성별 개념이 혼돈스러운 것을 어쩌면 당연한 일일지도 모른다.

그러나 성공적인 성 주류화의 정착과 발전을 위해서 간과하지 말아야 할 부분이 있다. 그것은 전문가의 양성과 전문적인 논의공간이다. 상대적으로 빠른 속도로 전개되어 나가고 있는 성 주류화 정책들에 비해 방법론과 방법을 개발하고, 사업을 평가하고 이를 교육할 수 있는 전문가가 부족할 뿐 아니라, 정책 영역과 학문적인 영역이 분석과 평가의 문제를 놓고 전문적으로 만날 수 있는 장이 마련되어 있지 않다는 점이다.

여러 가지 일 중에 프로젝트 하나 더 하는 식으로는 개념과 방법론이 발전할 수 없다. 아카데미에서는 분석과 교육을 해 낼 수 있는 전문가를 배출해 줄 필요가 있으며, 정책의 영역에서는 성별 영향평가센터처럼 분석과 평가가 전문적으로 이루어지는 업무 조직과 공간을 키워서 분석 전문가들이 안정적으로 활동할 수 있게 해 주어야 한다. 학회에서는 정책 패널을 통해 정책관련자들과 여성주의 인식공동체가 만나져야 한다. 여기서 사회정치적인 젠더의 개념이 정책 영역에서 탈정치화되고 있지 않은지 끊임없이 질문이 던져질 수 있으며, 성 주류화 정책은 비로소 자신을 되돌아 볼 수 있게 될 것이다.

성 주류화 전략은 이러한 근본적인 인프라의 마련을 통해서 실천될 수 있다. 개념의 혼돈은 사실 상 개인의 문제라기보다는 길이 제대로 나지 않은 문제에서 기인하는 것으로 보인다. 먼저 길을 잘 닦아나가는데 힘을 쏟아야 한다. 새 술이 새 포대에 담겨야 함은 예나 지금이나 마찬가지일 것이다.

성 인지 정책

2007년 2월 5일 1판 1쇄 초판 발행
2011년 3월 21일 1판 2쇄 재판 발행

지은이 • 차 인 순
펴낸이 • 한 봉 숙
펴낸곳 • 푸른사상사

등록 제2 – 2876호
서울시 중구 을지로3가 296 – 10 장양B/D 7층
대표전화 02) 2268 – 8706(7) 팩시밀리 02) 2268 – 8708
메일 prun21c@yahoo.co.kr / prun21c@hanmail.net
홈페이지 //www.prun21c.com
ⓒ 2011, 차인순

값 13,000원

ISBN 978 – 89 – 5640 – 529 – 2 93330